Ilse Mayer

Mathematik
an Schwerpunkten
produktiv üben

Arbeitsblätter mit ansteigendem Schwierigkeitsgrad
für kompetenzorientierten Unterricht

5. Klasse

Kopiervorlagen mit Lösungen

Gedruckt auf umweltbewusst gefertigtem, chlorfrei gebleichtem
und alterungsbeständigem Papier.

1. Auflage 2010
Nach den seit 2006 amtlich gültigen Regelungen der deutschen Rechtschreibung
© by Brigg Pädagogik Verlag GmbH, Augsburg

ISBN 978-3-87101-**709**-4   www.brigg-paedagogik.de

Mathematik
an Schwerpunkten produktiv üben
5. Klasse

Es ist nicht möglich, falsche Rechnungen durchzustreichen und sie daneben neu zu schreiben.

Schreibe daher – sorgfältig – mit einem gespitzten Bleistift.

Wenn etwas falsch ist, radiere es gut weg.

Zum Bemalen verwende Buntstifte.

Information

Gruppenarbeit

Lösungswege besprechen

„Gehirnakrobatik"

Wenn du Experte für dein eigenes Lernen werden willst ...

Ich gebe bei einer Aufgabe oder einem Rätsel so lange nicht auf, bis ich die Lösung gefunden habe.				

Aufgabenblätter zum individuell-selbstständigen Lernen

„Mathematik an Schwerpunkten produktiv üben" enthält 48 Arbeitsblätter mit Lösungen für schülerzentrierten Unterricht. Mit den Lernaufgaben können die wichtigsten Bereiche der Jahrgangsstufe selbstständig und in individuellem Tempo erarbeitet, geübt und vertieft werden.

Jede Seite behandelt ein Schwerpunktthema

Die Aufgabenblätter behandeln auf jeder Seite ein Schwerpunktthema aus der Erfahrungswelt der Schülerinnen und Schüler oder aus der Welt der Zahlen, wodurch sich für die Lernenden immer ein Sinnzusammenhang erkennen lässt. Die Aufgaben bauen aufeinander auf, wobei die Problemstellungen schwieriger und/oder komplexer werden.

Die Besonderheit:
Alle Aufgabenblätter sind bereits bei der Einführung eines neuen Themas einsetzbar

Die Schwerpunkte und die Aufgabenstellungen sind so gewählt, dass die Aufgabenblätter bereits ab der Einführung eines neuen Themas einsetzbar sind. So kann jede Schülerin und jeder Schüler mathematisches Grundwissen entweder selbstständig erarbeiten oder in Übungsphasen die grundlegenden Inhalte eines Themas unter veränderter Fragestellung eigenständig „neu" entdecken und kreativ eigene Lern- und Lösungswege erschließen.

Die Zielsetzungen der Aufgaben

Die Lernaufgaben orientieren sich eng an den Kompetenzerwartungen der Lehrpläne. Zielsetzung ist nicht nur das Erwerben mathematischer Kenntnisse und Fertigkeiten, sondern gleichermaßen die Entwicklung der personalen und sozialen Kompetenz der Lernenden.

Aufgaben für die Partner- und Gruppenarbeit, aber auch zahlreiche andere Aufgabenstellungen (z. B. viele Knobelaufgaben) fördern die sachbezogene Kommunikation und dadurch das Mathematisieren und Argumentieren sowie die Problemlösefähigkeit der Schülerinnen und Schüler.

Aufgaben mit der Möglichkeit der Selbstkontrolle und Anregungen zur Evaluierung des eigenen Könnens tragen dazu bei, dass die Lernenden zunehmend Verantwortung für das eigene Lernen entwickeln.

Lösungsblätter mit allen Zwischenergebnissen und maßstabsgetreuen Konstruktionen

Die Lösungen ermöglichen, wenn die Schülerinnen und Schüler in individuellem Tempo selbstständig lernen, die individuelle Betreuung. Da auch die Zwischenergebnisse angegeben und alle Konstruktionen maßstabsgetreu ausgeführt sind, können die Aufgaben sehr rasch überprüft werden. Bei allfälligen Problemen einzelner Schüler/-innen kann die Ursache leicht erkannt und behoben werden. (Bei Aufgaben mit individuellen Lösungsmöglichkeiten ist jeweils eine Lösung angegeben, wobei aus Gründen der Übersicht meist nicht gekennzeichnet ist, wenn es sich nur um ein Beispiel handelt.)

Je nach Aufgabenstellung und Niveau der Lernenden – vor allem wenn die Aufgabenblätter in Übungs- oder Wiederholungsphasen eingesetzt werden – eignen sich die Lösungsblätter natürlich gut zur Selbstkontrolle durch die Schülerinnen und Schüler.

1 Natürliche Zahlen dienen zum Abzählen. Man zählt z. B. die Anzahl der abgegebenen Hefte, die Anzahl der erreichten Punkte bei einem Test ...
Gib jeweils die Anzahl an.

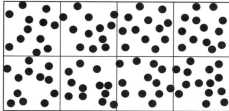

.... Tortenstücke   .... Tulpen   .... Bücher   .... Finger

Manchmal ist es schwer, die genaue Anzahl durch Abzählen zu ermitteln, z. B. die Anzahl der Autos auf einem großen Parkplatz, die Anzahl der Teilnehmer bei einer Wahlveranstaltung ...
Es gibt aber eine gute Möglichkeit, die ungefähre Anzahl zu schätzen, die **Rastermethode**.

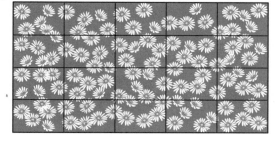

① Zeichne einen Raster.

② Ermittle die Anzahl der Punkte in einem Feld, z. B. 12 Punkte im Feld links oben.

③ Multipliziere diese Anzahl mit der Anzahl der Felder.
$12 \cdot 8 = 96$

④ Runde das Ergebnis.
≈ 100

2 Schätze mit Hilfe der Rastermethode die ungefähre Anzahl der Gänseblümchen.

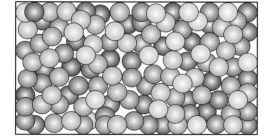

Gänseblümchen in einem Feld: ....

Anzahl der Felder: ....

Geschätzte Anzahl: ....

3 Zeichne einen Raster und schätze die ungefähre Anzahl der Bonbons.

....

....

....

4 In der Schachtel liegen 99, also rund 100 Murmeln. Sarah schätzte die Anzahl auf rund 60, Tom auf rund 100 und Lena auf rund 110. Findest du dafür eine Erklärung?

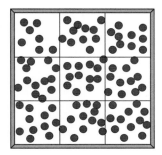

....

....

....

....

....

....

Ilse Mayer: Mathematik an Schwerpunkten produktiv üben · 5. Klasse · Best.-Nr. 709 · © Brigg Pädagogik Verlag GmbH, Augsburg

1 Natürliche Zahlen dienen zum Abzählen. Man zählt z. B. die Anzahl der abgegebenen Hefte, die Anzahl der erreichten Punkte bei einem Test ...

Gib jeweils die Anzahl an.

   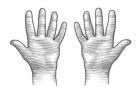

12 Tortenstücke   3 Tulpen   6 Bücher   10 Finger

 Manchmal ist es schwer, die genaue Anzahl durch Abzählen zu ermitteln, z. B. die Anzahl der Autos auf einem großen Parkplatz, die Anzahl der Teilnehmer bei einer Wahlveranstaltung ...
Es gibt aber eine gute Möglichkeit, die ungefähre Anzahl zu schätzen, die **Rastermethode**.

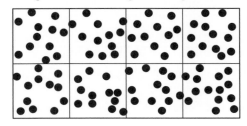

1 Zeichne einen Raster.

2 Ermittle die Anzahl der Punkte in einem Feld, z. B. 12 Punkte im Feld links oben.

3 Multipliziere diese Anzahl mit der Anzahl der Felder.
$12 \cdot 8 = 96$

4 Runde das Ergebnis.
≈ 100

2 Schätze mit Hilfe der Rastermethode die ungefähre Anzahl der Gänseblümchen.

Gänseblümchen in einem Feld: 5

Anzahl der Felder: 20

Geschätzte Anzahl: $5 \cdot 20 = 100$

(genauer Wert: 107)

3 Zeichne einen Raster und schätze die ungefähre Anzahl der Bonbons.

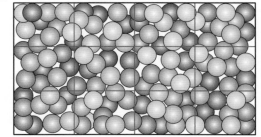

Bonbons in einem Feld:	10
Anzahl der Felder:	12
Geschätzte Anzahl:	120

(genauer Wert: 121)

4 In der Schachtel liegen 99, also rund 100 Murmeln. Sarah schätzte die Anzahl auf rund 60, Tom auf rund 100 und Lena auf rund 110. Findest du dafür eine Erklärung?

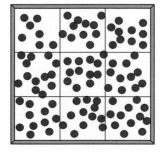

Sarah zählte die Punkte im Feld links oben.

$7 \cdot 9 =$ 63 $63 \approx$ 60

Tom zählte die Punkte im Feld links unten.

$11 \cdot 9 =$ 99 $99 \approx 100$

Lena zählte die Punkte im Feld rechts unten.

$12 \cdot 9 = 108$ $108 \approx 110$

Ilse Mayer: Mathematik an Schwerpunkten produktiv üben · 5. Klasse · Best.-Nr. 709 · © Brigg Pädagogik Verlag GmbH, Augsburg

1 Zahlenstrahl: Markiere die Zahlen auf dem Zahlenstrahl mit einem Kreuz und beschrifte sie.

a) 2, 5, 8, 13, 16

0   1   2

b) 5, 15, 35, 70

0   10

c) 4 000, 6 000, 7 500, 9 500

2 000   3 000

2 Zahlenstrahl: Schreibe die entsprechenden Zahlen in die Kästchen.

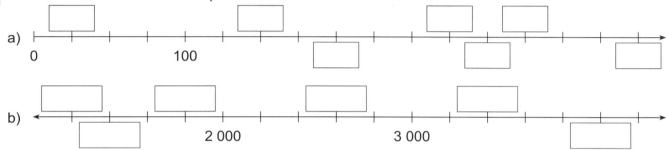

a)

0   100

b)

2 000   3 000

3 Wer ist hier wer? Trage die richtigen Namen in die Namenskärtchen ein.

Jakob ist kleiner als Moritz, Simon ist größer als Elias,
Moritz ist kleiner als Elias, Jakob ist größer als Niko
und Simon ist kleiner als Max.

4 Ordne die Zahlen nach der Größe. Beginne mit der kleinsten Zahl und setze das Zeichen „<" ein.

a) 830; 5 461; 123 000; 79 422

b) 4 715; 4 157; 4 571; 4 175

c) 2 020; 2 200; 2 002; 2 022

d) 38 680; 3 868; 386 800; 3 868 000

5 Ergänze die Tabellen.

Vorgänger	Zahl	Nachfolger	Vorgänger	Zahl	Nachfolger	Vorgänger	Zahl	Nachfolger
	6			40				101
	729			333				2 010
	1 000			10 000				10 002
	8 980			77 579				99 999

Ilse Mayer: Mathematik an Schwerpunkten produktiv üben · 5. Klasse · Best.-Nr. 709 · © Brigg Pädagogik Verlag GmbH, Augsburg

1 Zahlenstrahl: Markiere die Zahlen auf dem Zahlenstrahl mit einem Kreuz und beschrifte sie.

a) 2, 5, 8, 13, 16

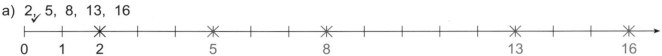

```
|---|---|-*-|---|---|-*-|---|---|-*-|---|---|---|---|-*-|---|---|-*->
0   1   2           5           8                   13              16
```

b) 5, 15, 35, 70

```
|---|-*-|---|-*-|---|---|-*-|---|---|---|---|---|-*-|---|---|->
0   5   10  15              35                      70
```

c) 4 000, 6 000, 7 500, 9 500

```
<---|---|---|---|-*-|---|---|-*-|---|---|-*-|---|---|---|-*-|->
  2 000   3 000   4 000       6 000       7 500           9 500
```

2 Zahlenstrahl: Schreibe die entsprechenden Zahlen in die Kästchen.

a)

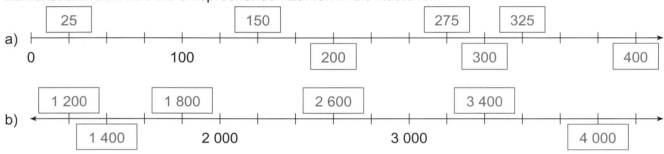

| 25 | | | 150 | | | 275 | 325 |

```
|---|---|---|---|---|---|---|---|---|---|---|---|---|---|->
0               100             200         300             400
```

b)

| 1 200 | 1 800 | | 2 600 | | 3 400 |
| 1 400 | 2 000 | | 3 000 | | 4 000 |

```
<---|---|---|---|---|---|---|---|---|---|---|---|---|---|->
```

3 Wer ist hier wer? Trage die richtigen Namen in die Namenskärtchen ein.

Jakob ist kleiner als Moritz, Simon ist größer als Elias,
Moritz ist kleiner als Elias, Jakob ist größer als Niko
und Simon ist kleiner als Max.

| Niko | Jakob | Moritz | Elias | Simon | Max |

4 Ordne die Zahlen nach der Größe. Beginne mit der kleinsten Zahl und setze das Zeichen „<" ein.

a) 830; 5 461; 123 000; 79 422 $830 < 5\,461 < 79\,422 < 123\,000$

b) 4 715; 4 157; 4 571; 4 175 $4\,157 < 4\,175 < 4\,571 < 4\,715$

c) 2 020; 2 200; 2 002; 2 022 $2\,002 < 2\,020 < 2\,022 < 2\,200$

d) 38 680; 3 868; 386 800; 3 868 000 $3\,868 < 38\,680 < 386\,800 < 3\,868\,000$

5 Ergänze die Tabellen.

Vorgänger	Zahl	Nachfolger	Vorgänger	Zahl	Nachfolger	Vorgänger	Zahl	Nachfolger
5	6	7	40	41	42	99	100	101
728	729	730	333	334	335	2 008	2 009	2 010
999	1 000	1 001	10 000	10 001	10 002	10 000	10 001	10 002
8 979	8 980	8 981	77 579	77 580	77 581	99 997	99 998	99 999

Ilse Mayer: Mathematik an Schwerpunkten produktiv üben · 5. Klasse · Best.-Nr. 709 · © Brigg Pädagogik Verlag GmbH, Augsburg

1 Interessante Zahlen.

Zum Jahresbeginn 2009 hatte Bayern 12 519 728 Einwohner/-innen.
Im Schuljahr 2008/09 besuchten in Bayern insgesamt 1 431 280 Schüler/-innen eine allgemeinbildende Schule. Davon wurden 480 414 Schüler/-innen in 2 416 Grundschulen in 21 190 Klassen unterrichtet.
(Quelle: www.statistikdaten.bayern.de)

Trage diese Zahlen in die Stellenwerttabelle ein und ergänze die Zahlen für deine Schule.
Bei dieser Schreibweise kannst du dir diese Zahlen gut vorstellen und sie miteinander vergleichen.
Lies die Zahlen.

	Md	HM	ZM	M	HT	ZT	T	H	Z	E
Einwohner/-innen in Bayern										
Schüler/-innen in Bayern										
Grundschüler/-innen in Bayern										
Grundschulklassen in Bayern										
Grundschulen in Bayern										
Schüler/-innen in deiner Schule										
Klassen in deiner Schule										
Schüler/-innen in deiner Klasse										

Beim Schreiben großer Zahlen werden, von den Einern ausgehend, Dreiergruppen gebildet.

18 267 390 476

Milliardenabstand
Millionenabstand
Tausenderabstand

2 Kannst du dich im Zehnersystem schon gut orientieren? Schreibe die Zahlen mit Ziffern.

a) Wie viele Hunderter sind ein Tausender?

b) Wie viel ist das 10-Fache eines Tausenders?

c) Wie viele Tausender ergeben eine Million?

d) Wie viele Nullen hat eine Million?

e) Wie viel sind hundert Hunderter?

f) Wie viel ist der zehnte Teil einer Million?

g) Wie viel sind hundertzehn Zehner?

h) Wie viel Tausender sind drei Zehntausender?

i) Wie viele Nullen hat eine Milliarde?

3 Wie lautet die größte vierstellige Zahl mit folgenden Eigenschaften:
Die Tausenderziffer und die Einerziffer kann man vertauschen, ohne dass sich die Zahl ändert. Die Hunderterziffer ist halb so groß wie die Tausenderziffer und die Zehnerziffer ist halb so groß wie die Hunderterziffer.

4 Verbinde jede Zahl und das entsprechende Zahlwort mit einer geraden Linie.

26 300 000	siebzehn Milliarden fünfhundert Millionen
17 500 000 000	acht Millionen vierhundertfünfzigtausend
288 000	zweihundertachtundachtzigtausend
8 450 000	sechsundzwanzig Millionen dreihunderttausend
999 000 000	fünf Milliarden neunhundertzwanzigtausend
5 000 920 000	neunhundertneunundneunzig Millionen

1 Interessante Zahlen.

Zum Jahresbeginn 2009 hatte Bayern 12 519 728 Einwohner/-innen.
Im Schuljahr 2008/09 besuchten in Bayern insgesamt 1 431 280 Schüler/-innen eine allgemeinbildende Schule. Davon wurden 480 414 Schüler/-innen in 2 416 Grundschulen in 21 190 Klassen unterrichtet.

(Quelle: www.statistikdaten.bayern.de)

Trage diese Zahlen in die Stellenwerttabelle ein und ergänze die Zahlen für deine Schule.
Bei dieser Schreibweise kannst du dir diese Zahlen gut vorstellen und sie miteinander vergleichen.
Lies die Zahlen.

	Md	HM	ZM	M	HT	ZT	T	H	Z	E
Einwohner/-innen in Bayern			1	2	5	1	9	7	2	8
Schüler/-innen in Bayern				1	4	3	1	2	8	0
Grundschüler/-innen in Bayern					4	8	0	4	1	4
Grundschulklassen in Bayern						2	1	1	9	0
Grundschulen in Bayern							2	4	1	6
Schüler/-innen in deiner Schule										
Klassen in deiner Schule										
Schüler/-innen in deiner Klasse										

Beim Schreiben großer Zahlen werden, von den Einern ausgehend, Dreiergruppen gebildet.

18 267 390 476

Milliardenabstand
Millionenabstand
Tausenderabstand

2 Kannst du dich im Zehnersystem schon gut orientieren? Schreibe die Zahlen mit Ziffern.

a) Wie viele Hunderter sind ein Tausender?

_10_

b) Wie viel ist das 10-Fache eines Tausenders?

_10 000_

c) Wie viele Tausender ergeben eine Million?

_1 000_

d) Wie viele Nullen hat eine Million?

_6_

e) Wie viel sind hundert Hunderter?

_10 000_

f) Wie viel ist der zehnte Teil einer Million?

_100 000_

g) Wie viel sind hundertzehn Zehner?

_1 100_

h) Wie viel Tausender sind drei Zehntausender?

_30_

i) Wie viele Nullen hat eine Milliarde?

_9_

3 Wie lautet die größte vierstellige Zahl mit folgenden Eigenschaften:
Die Tausenderziffer und die Einerziffer kann man vertauschen, ohne dass sich die Zahl ändert. Die Hunderterziffer ist halb so groß wie die Tausenderziffer und die Zehnerziffer ist halb so groß wie die Hunderterziffer.

8	4	2	8

4 Verbinde jede Zahl und das entsprechende Zahlwort mit einer geraden Linie.

26 300 000	siebzehn Milliarden fünfhundert Millionen
17 500 000 000	acht Millionen vierhundertfünfzigtausend
288 000	zweihundertachtundachtzigtausend
8 450 000	sechsundzwanzig Millionen dreihunderttausend
999 000 000	fünf Milliarden neunhundertzwanzigtausend
5 000 920 000	neunhundertneunundneunzig Millionen

Ilse Mayer: Mathematik an Schwerpunkten produktiv üben · 5. Klasse · Best.-Nr. 709 · © Brigg Pädagogik Verlag GmbH, Augsburg

1  Runde so, dass du dir die Zahlen gut vorstellen und merken kannst.

1 Packung Popcorn kostet 79 ct.

Ein Notebook kostet 1 199 €.

Ein Jogginganzug kostet im Angebot 59 € 89 ct.

....

0,79 €

Die Straßenentfernung Bonn–Berlin ist 598 km.

Der Rhein ist 1 230 km lang.

Die Zugspitze ist 2 962 m hoch.

....

2 Gib alle natürlichen Zahlen an, die, auf Zehner gerundet, die vorne gegebene Zahl ergeben.

a) 30: _____

b) 160: _____

3 Runde auf den angegebenen Stellenwert.

a) auf Zehner:

34 ≈ _____

79 ≈ _____

145 ≈ _____

1 993 ≈ _____

b) auf Hunderter:

285 ≈ _____

619 ≈ _____

949 ≈ _____

2 350 ≈ _____

c) auf Tausender:

2 631 ≈ _____

4 500 ≈ _____

5 499 ≈ _____

36 812 ≈ _____

d) auf Zehntausender:

12 631 ≈ _____

50 500 ≈ _____

785 499 ≈ _____

299 812 ≈ _____

e) auf Hunderttausender:

438 000 ≈ _____

799 825 ≈ _____

3 099 000 ≈ _____

12 666 666 ≈ _____

f) auf Millionen:

1 611 000 ≈ _____

9 099 999 ≈ _____

16 499 999 ≈ _____

27 555 555 ≈ _____

4 Runde jeweils auf den angegebenen Stellenwert.

Z: 317 ≈ _____   H: 5 449 ≈ _____   T: 14 099 ≈ _____   ZT: 286 905 ≈ _____

H: 850 ≈ _____   T: 2 901 ≈ _____   ZT: 33 333 ≈ _____   HT: 709 999 ≈ _____

5 Runde die Einwohnerzahlen der vier größten Städte Deutschlands auf Hunderttausender.

Stadt	Berlin	Hamburg	München	Köln
Einwohner	3 431 675	1 772 100	1 326 807	995 420
gerundet auf HT				

Quelle: http://de.wikipedia.org/wiki/Liste_der_Gro

6 Gib die kleinste und größte natürliche Zahl an, die durch Runden den angegebenen Wert erhalten. Notiere in Klammer, wie hoch der Rundungsfehler höchstens sein kann.

a) Eine Schule hat rund 700 Schüler/-innen. Diese Zahl ist auf Hunderter gerundet.

b) In einer Kleinstadt leben rund 24 000 Personen. Diese Zahl ist auf Tausender gerundet.

....

Ich kann natürliche Zahlen auf bestimmte Stellenwerte runden.

1 Runde so, dass du dir die Zahlen gut vorstellen und merken kannst.

0,79 €

1 Packung Popcorn
kostet 79 ct.

≈ 80 ct

Die Straßenentfernung
Bonn–Berlin ist 598 km.

≈ 600 km

Ein Notebook kostet
1 199 €.

≈ 1 200 €

Der Rhein ist 1 230 km
lang.

≈ 1 200 km

Ein Jogginganzug kostet
im Angebot 59 € 89 ct.

≈ 60 €

Die Zugspitze ist 2 962 m
hoch.

≈ 3 000 m

2 Gib alle natürlichen Zahlen an, die, auf Zehner gerundet, die vorne gegebene Zahl ergeben.

a) 30: 25, 26, 27, 28, 29, 30, 31, 32, 33, 34

b) 160: 155, 156, 157, 158, 159, 160, 161, 162, 163, 164

3 Runde auf den angegebenen Stellenwert.

a) auf Zehner:

34 ≈ 30

79 ≈ 80

145 ≈ 150

1 993 ≈ 1 990

b) auf Hunderter:

285 ≈ 300

619 ≈ 600

949 ≈ 900

2 350 ≈ 2 400

c) auf Tausender:

2 631 ≈ 3 000

4 500 ≈ 5 000

5 499 ≈ 5 000

36 812 ≈ 37 000

d) auf Zehntausender:

12 631 ≈ 10 000

50 500 ≈ 50 000

785 499 ≈ 790 000

299 812 ≈ 300 000

e) auf Hunderttausender:

438 000 ≈ 400 000

799 825 ≈ 800 000

3 099 000 ≈ 3 100 000

12 666 666 ≈ 12 700 000

f) auf Millionen:

1 611 000 ≈ 2 000 000

9 099 999 ≈ 9 000 000

16 499 999 ≈ 16 000 000

27 555 555 ≈ 28 000 000

4 Runde jeweils auf den angegebenen Stellenwert.

Z: 317 ≈ 320   H: 5 449 ≈ 5 400   T: 14 099 ≈ 14 000   ZT: 286 905 ≈ 290 000

H: 850 ≈ 900   T: 2 901 ≈ 3 000   ZT: 33 333 ≈ 30 000   HT: 709 999 ≈ 700 000

5 Runde die Einwohnerzahlen der vier größten Städte Deutschlands auf Hunderttausender.

Stadt	Berlin	Hamburg	München	Köln
Einwohner	3 431 675	1 772 100	1 326 807	995 420
gerundet auf HT	3 400 000	1 800 000	1 300 000	1 000 000

Quelle: http://de.wikipedia.org/wiki/Liste_der_Gro

6 Gib die kleinste und größte natürliche Zahl an, die durch Runden den angegebenen Wert erhalten.
Notiere in Klammer, wie hoch der Rundungsfehler höchstens sein kann.

a) Eine Schule hat rund 700 Schüler/-innen.
Diese Zahl ist auf Hunderter gerundet.

650, ... 749 (50)

b) In einer Kleinstadt leben rund 24 000 Personen.
Diese Zahl ist auf Tausender gerundet.

23 500, ... 24 499 (500)

Ich kann natürliche Zahlen auf bestimmte Stellenwerte runden.

1 In der Klasse 5b wurde erhoben, wie die Kinder zur Schule kommen.
Die Ergebnisse werden in einer Tabelle eingetragen und in einem Balkendiagramm veranschaulicht.

a) Ergänze die Tabelle und das Diagramm (1 Kästchen ≙ 1 Kind).

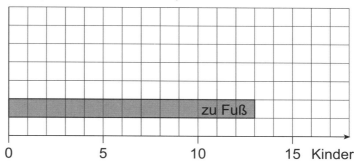

zu Fuß	
mit dem Fahrrad	4
mit dem Bus	7

b) Kreuze die richtigen Aussagen an.

☐ Die meisten Kinder der Klasse 5b kommen zu Fuß zur Schule.

☐ Die wenigsten Kinder der Klasse 5b kommen mit dem Fahrrad zur Schule.

☐ Mit dem Fahrrad kommen mehr Kinder der Klasse 5b zur Schule als mit dem Bus.

2 Die Kinder der Klasse 5c wurden nach ihrer Lieblingssportart befragt. Die Ergebnisse sind, getrennt nach Mädchen und Jungen, in einem Säulendiagramm veranschaulicht.

a) Trage die Werte in der Tabelle ein.

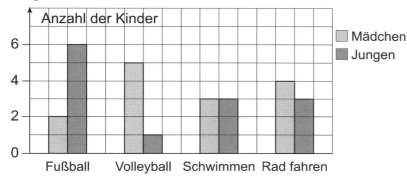

Sportart	Mädchen	Jungen
Fußball		
Volleyball		
Schwimmen		
Rad fahren		

b) Lies aus dem Diagramm ab und ergänze die Sätze.

Die Lieblingssportart der meisten Jungen der Klasse 5c ist ....

Die Lieblingssportart der meisten Mädchen der Klasse 5c ist ....

In der Klasse 5c wurde .... am häufigsten als Lieblingssportart genannt.

Die Klasse 5c besuchen .... Mädchen und .... Jungen.

3 Die Ergebnisse einer Befragung über die Lieblingsfächer der Schülerinnen und Schüler der Klasse 5d sind in der Tabelle engetragen.
Zeichne ein Säulendiagramm.

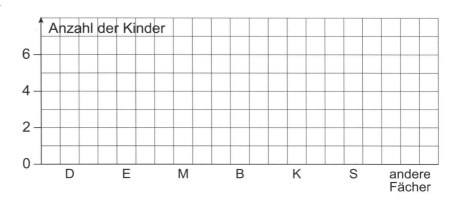

Deutsch	3
Englisch	3
Mathematik	5
Biologie	4
Kunst	3
Sport	6
andere Fächer	2

Ilse Mayer: Mathematik an Schwerpunkten produktiv üben · 5. Klasse · Best.-Nr. 709 · © Brigg Pädagogik Verlag GmbH, Augsburg   13

1 In der Klasse 5b wurde erhoben, wie die Kinder zur Schule kommen.
Die Ergebnisse werden in einer Tabelle eingetragen und in einem Balkendiagramm veranschaulicht.

a) Ergänze die Tabelle und das Diagramm (1 Kästchen ≙ 1 Kind).

zu Fuß	13
mit dem Fahrrad	4
mit dem Bus	7

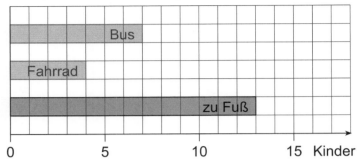

b) Kreuze die richtigen Aussagen an.

☒ Die meisten Kinder der Klasse 5b kommen zu Fuß zur Schule.

☒ Die wenigsten Kinder der Klasse 5b kommen mit dem Fahrrad zur Schule.

☐ Mit dem Fahrrad kommen mehr Kinder der Klasse 5b zur Schule als mit dem Bus.

2 Die Kinder der Klasse 5c wurden nach ihrer Lieblingssportart befragt. Die Ergebnisse sind, getrennt nach Mädchen und Jungen, in einem Säulendiagramm veranschaulicht.

a) Trage die Werte in der Tabelle ein.

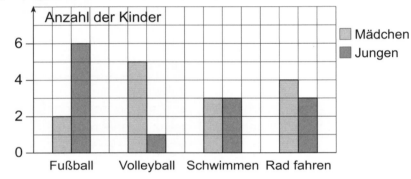

Sportart	Mädchen	Jungen
Fußball	2	6
Volleyball	5	1
Schwimmen	3	3
Rad fahren	4	3

b) Lies aus dem Diagramm ab und ergänze die Sätze.

Die Lieblingssportart der meisten Jungen der Klasse 5c ist ___Fußball___.

Die Lieblingssportart der meisten Mädchen der Klasse 5c ist ___Volleyball___.

In der Klasse 5c wurde ___Fußball___ am häufigsten als Lieblingssportart genannt.

Die Klasse 5c besuchen ___14___ Mädchen und ___13___ Jungen.

3 Die Ergebnisse einer Befragung über die Lieblingsfächer der Schülerinnen und Schüler der Klasse 5d sind in der Tabelle engetragen.
Zeichne ein Säulendiagramm.

Deutsch	3
Englisch	3
Mathematik	5
Biologie	4
Kunst	3
Sport	6
andere Fächer	2

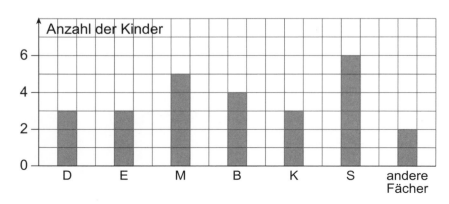

Ilse Mayer: Mathematik an Schwerpunkten produktiv üben · 5. Klasse · Best.-Nr. 709 · © Brigg Pädagogik Verlag GmbH, Augsburg

1 Geometrische Körper findest du bei Bauwerken, Einrichtungsgegenständen und vielen Dingen des täglichen Lebens. Betrachte die unterschiedlichen Formen.
Lerne die Namen der wichtigen geometrischen Körper.
Welche Körperform kannst du hier erkennen?

a)   b)   c)   d)   e)   f)

  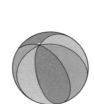 

....

2 Welche Körperformen erkennst du?

a)   b)   c)   d)

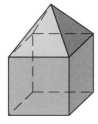 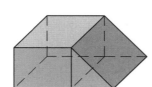  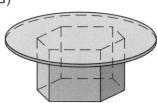

....

....

3 a) Bemale bei jedem Körper – wenn möglich – zwei gleich große, parallele Begrenzungsflächen.
    b) Gib für jeden Körper die Gesamtzahl der Ecken, Kanten und Begrenzungsflächen an.

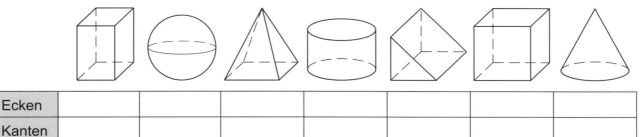

Ecken							
Kanten							
Flächen							

4 a) Wer bin ich? (Für welchen Körper trifft folgende Beschreibung zu?)

    (1) Ich bin von zwei ebenen und einer gekrümmten Fläche begrenzt.

    (2) Ich habe 6 Ecken und 9 Kanten.

    (3) Ich habe eine Spitze und bin nur von ebenen Flächen begrenzt.

....

b)  Erstellt Rätselfragen für Körper und lasst andere raten.
           (Kanten können gerade oder gekrümmt sein, Flächen können eben oder gekrümmt sein, Körper können eine Spitze haben ...)

Ich kann wichtige geometrische Körper beschreiben und benennen.				

1 Geometrische Körper findest du bei Bauwerken, Einrichtungsgegenständen und vielen Dingen des täglichen Lebens. Betrachte die unterschiedlichen Formen.
Lerne die Namen der wichtigen geometrischen Körper.
Welche Körperform kannst du hier erkennen?

a)   b) c)  d)  e)  f)

a)	b)	c)	d)	e)	f)
Quader	Zylinder	Quader	Kugel	Kegel	Würfel

2 Welche Körperformen erkennst du?

a) 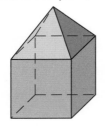 b) 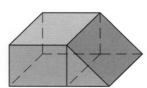 c)  d)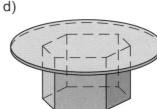

a)	b)	c)	d)
Würfel	Quader	zwei Kegel	sechsseitiges Prisma
Pyramide	dreiseitiges Prisma		Zylinder

3 a) Bemale bei jedem Körper – wenn möglich – zwei gleich große, parallele Begrenzungsflächen.
b) Gib für jeden Körper die Gesamtzahl der Ecken, Kanten und Begrenzungsflächen an.

Ecken	8	0	5	0	6	8	1
Kanten	12	0	8	2	9	12	1
Flächen	6	1	5	3	5	6	2

4 a) Wer bin ich? (Für welchen Körper trifft folgende Beschreibung zu?)

(1) Ich bin von zwei ebenen und einer gekrümmten Fläche begrenzt.

(2) Ich habe 6 Ecken und 9 Kanten.

(3) Ich habe eine Spitze und bin nur von ebenen Flächen begrenzt.

Zylinder	dreiseitiges Prisma	Pyramide

b) Erstellt Rätselfragen für Körper und lasst andere raten.
(Kanten können gerade oder gekrümmt sein, Flächen können eben oder gekrümmt sein, Körper können eine Spitze haben ...)

Ich kann wichtige geometrische Körper beschreiben und benennen.

1 Wie viele Würfel erkennst du? (An der Rückseite ist keine Lücke!)

a)   b)   c)   d)   e)

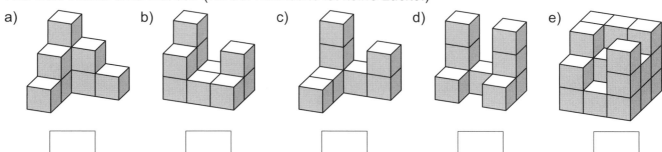

2 Wie viele Würfel wurden für die Körpergruppe verwendet und wie viele Würfel muss man mindestens ergänzen, um einen Quader zu erhalten?

a)   b)   c)   d)   e)

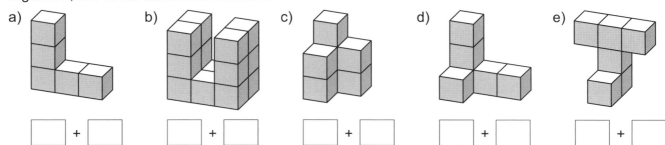

☐ + ☐   ☐ + ☐   ☐ + ☐   ☐ + ☐   ☐ + ☐

3 Aus je einem Objekt der ersten Reihe und einem der zweiten Reihe lässt sich ein Würfel zusammenbauen. Verbinde mit einer geraden Linie.

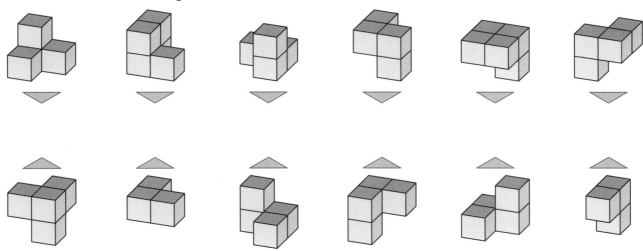

4 Arbeite mit einem Spielwürfel.
Der Würfel wurde in der angezeigten Richtung gedreht. Nur eine der drei Abbildungen entspricht dem gedrehten Würfel. Kreuze sie an.
Bei einem Spielwürfel ist die Summe der Würfelaugen, die einander gegenüberliegen, immer sieben.

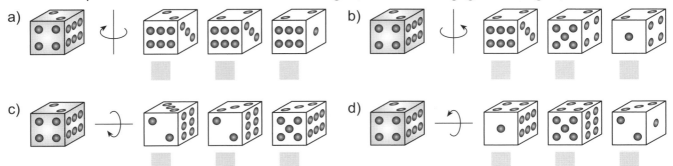

1 Wie viele Würfel erkennst du? (An der Rückseite ist keine Lücke!)

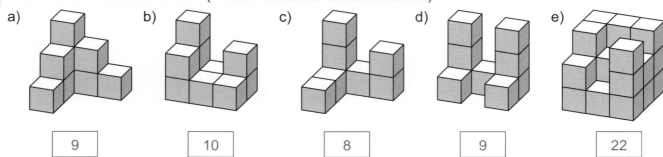

a) 9   b) 10   c) 8   d) 9   e) 22

2 Wie viele Würfel wurden für die Körpergruppe verwendet und wie viele Würfel muss man mindestens ergänzen, um einen Quader zu erhalten?

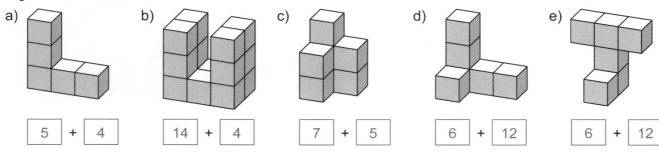

a) 5 + 4   b) 14 + 4   c) 7 + 5   d) 6 + 12   e) 6 + 12

3 Aus je einem Objekt der ersten Reihe und einem der zweiten Reihe lässt sich ein Würfel zusammenbauen. Verbinde mit einer geraden Linie.

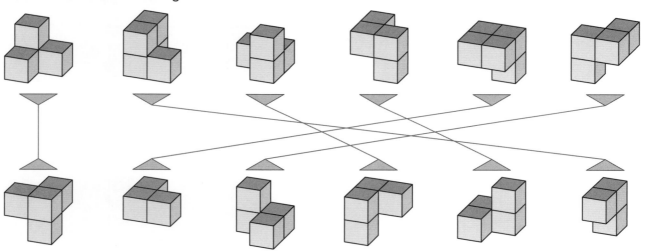

4 Arbeite mit einem Spielwürfel.
Der Würfel wurde in der angezeigten Richtung gedreht. Nur eine der drei Abbildungen entspricht dem gedrehten Würfel. Kreuze sie an.
Bei einem Spielwürfel ist die Summe der Würfelaugen, die einander gegenüberliegen, immer sieben.

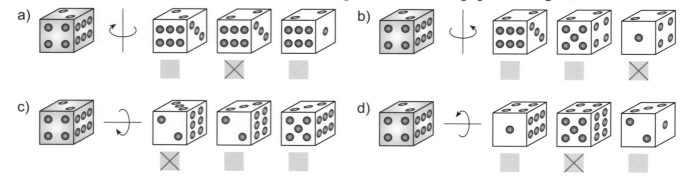

1 Ergänze die verdeckten Kanten der Schrägbilder mit gestrichelten Linien.
Beachte: Parallele Körperkanten werden im Schrägbild durch parallele Linien dargestellt!

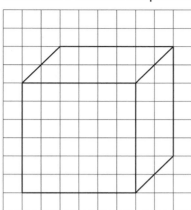 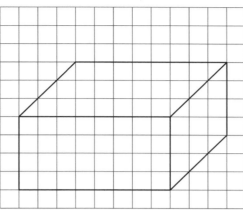 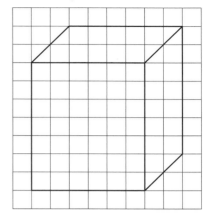

2 Ergänze jeweils zu einem Schrägbild. Beachte die verschiedenen Ansichten:
Manche Quader sieht man von vorne / links / oben, manche von vorne / rechts / oben.

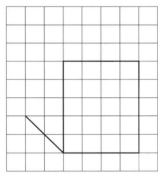 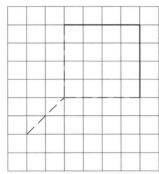 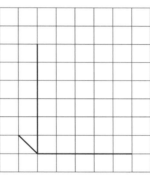 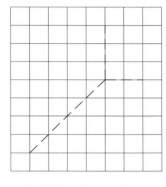

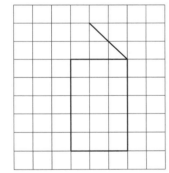 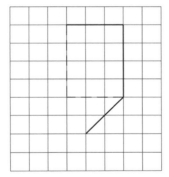 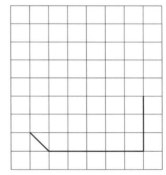 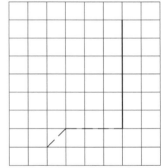

3 Konstruiere das Schrägbild.
Beachte: Die nach hinten laufenden Kanten werden (ungefähr) auf die Hälfte verkürzt. Zeichne jeweils bis zum nächsten Gitterpunkt.

a) Quader: a = 5 cm, b = 3 cm, c = 2 cm b) Würfel: a = 3 cm

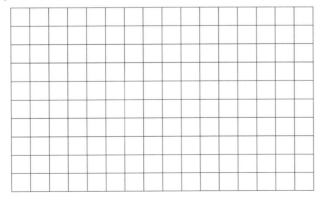 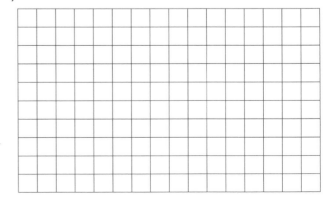

1 Ergänze die verdeckten Kanten der Schrägbilder mit gestrichelten Linien.
Beachte: Parallele Körperkanten werden im Schrägbild durch parallele Linien dargestellt!

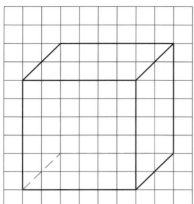 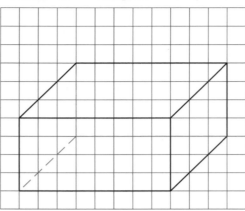 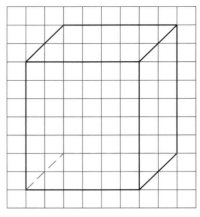

2 Ergänze jeweils zu einem Schrägbild. Beachte die verschiedenen Ansichten:
Manche Quader sieht man von vorne / links / oben, manche von vorne / rechts / oben.

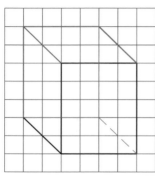 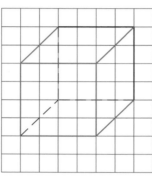 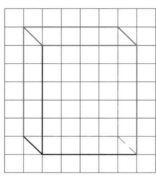 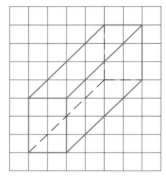

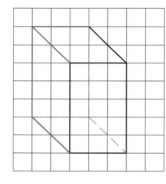 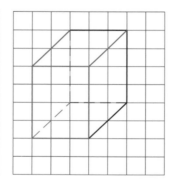 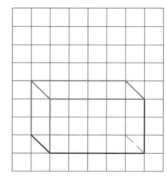 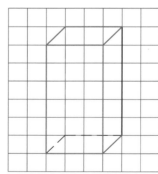

3 Konstruiere das Schrägbild.
Beachte: Die nach hinten laufenden Kanten werden (ungefähr) auf die Hälfte verkürzt. Zeichne jeweils bis zum nächsten Gitterpunkt.

a) Quader: a = 5 cm, b = 3 cm, c = 2 cm   b) Würfel: a = 3 cm

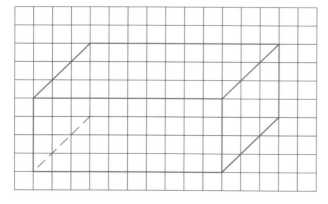 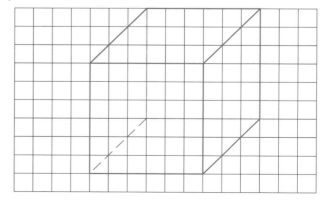

Ilse Mayer: Mathematik an Schwerpunkten produktiv üben · 5. Klasse · Best.-Nr. 709 · © Brigg Pädagogik Verlag GmbH, Augsburg

1 Zeichne die fehlenden Würfelaugen ein.
Bei einem Spielwürfel ist die Summe der Würfelaugen, die einander gegenüberliegen, immer sieben.

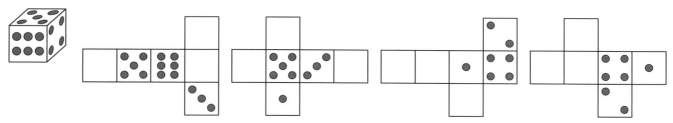

2 Kreuze (a) die Würfelnetze und (b) die Quadernetze an.
Wenn du nicht ganz sicher bist, zeichne die Netze auf Karopapier, schneide aus und überprüfe.
Bemale danach in den Netzen Flächen, die am Körper gegenüberliegen, mit jeweils derselben Farbe.

a1)   a2)   a3)   a4)

b1)   b2)   b3)   b4)

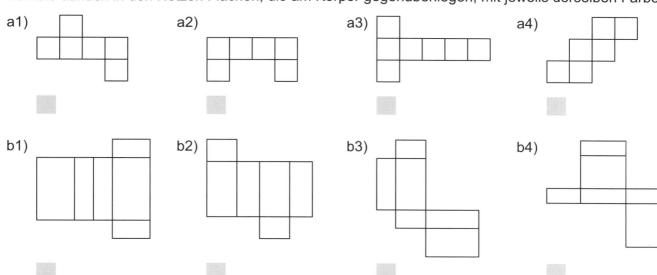

3 Ergänze die Figuren zu vollständigen Würfelnetzen.
Bemale Flächen, die am Würfel gegenüberliegen, mit jeweils derselben Farbe.

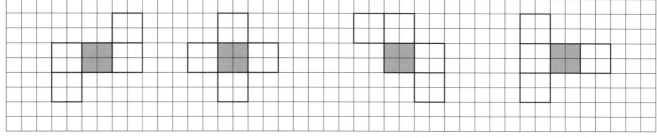

Gibt es mehrere Lösungen?

4 Ergänze die Figuren zu vollständigen Quadernetzen.
Die Grundfläche ist gefärbt; bemale die Deckfläche.

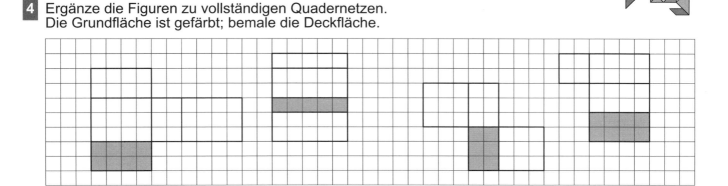

1 Zeichne die fehlenden Würfelaugen ein.
Bei einem Spielwürfel ist die Summe der Würfelaugen, die einander gegenüberliegen, immer sieben.

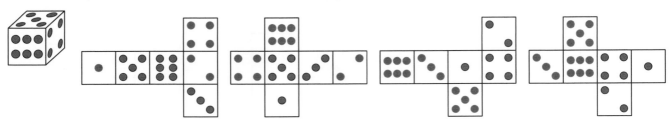

2 Kreuze (a) die Würfelnetze und (b) die Quadernetze an.
Wenn du nicht ganz sicher bist, zeichne die Netze auf Karopapier, schneide aus und überprüfe.
Bemale danach in den Netzen Flächen, die am Körper gegenüberliegen, mit jeweils derselben Farbe.

a1) a2) a3) a4)

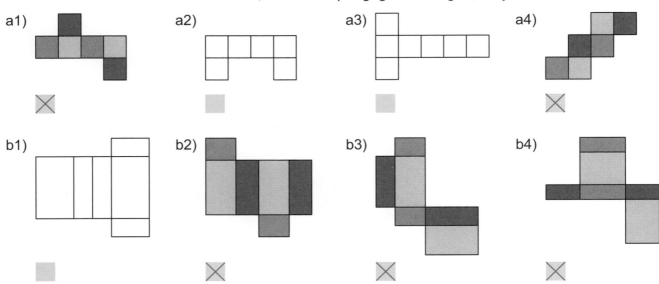

b1) b2) b3) b4)

3 Ergänze die Figuren zu vollständigen Würfelnetzen.
Bemale Flächen, die am Würfel gegenüberliegen, mit jeweils derselben Farbe.

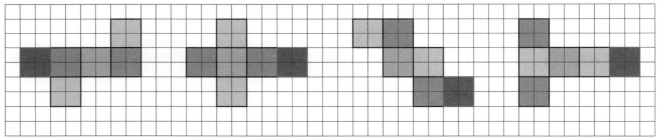

Gibt es mehrere Lösungen?

4 Ergänze die Figuren zu vollständigen Quadernetzen.
Die Grundfläche ist gefärbt; bemale die Deckfläche.

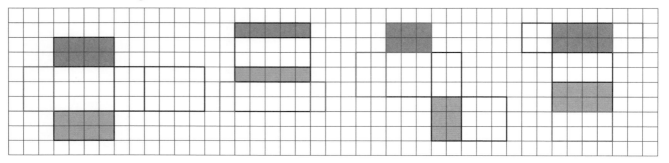

Ilse Mayer: Mathematik an Schwerpunkten produktiv üben · 5. Klasse · Best.-Nr. 709 · © Brigg Pädagogik Verlag GmbH, Augsburg

1 Ergänze die Netzkonstruktionen der Quader.

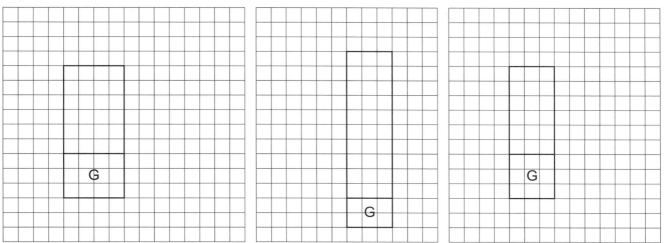

2 Konstruiere das Netz.

a) Quader: a = 25 mm, b = 10 mm, c = 35 mm

b) Quadratisches Prisma: a = 15 mm, c = 30 mm

3 Untersuche, welche Würfel aus dem abgebildeten Netz hergestellt werden können. Notiere bei den Schrägbildern richtig (✓) oder falsch (f).

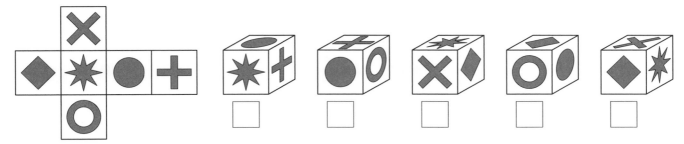

- Zeichne auf Karopapier entsprechend der Abbildung ein Würfelnetz. Für die einzelnen Quadrate wähle als Seitenlänge s = 3 cm.
- Zeichne auf die einzelnen Quadratflächen die entsprechenden Bilder.
- Füge – wie in der Skizze angegeben – die Hilfsflächen an.
- Schneide die Figur aus und falte so, dass du einen Würfel erhältst.

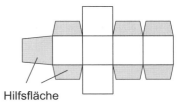

Hilfsfläche

Nun kontrolliere, ob du bei den Schrägbildern wirklich die richtigen Würfel gefunden hast.

1 Ergänze die Netzkonstruktionen der Quader.

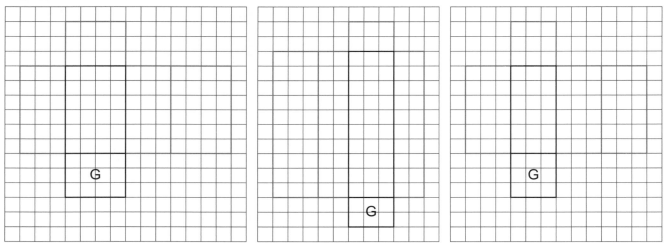

2 Konstruiere das Netz.

a) Quader: a = 25 mm, b = 10 mm, c = 35 mm

b) Quadratisches Prisma: a = 15 mm, c = 30 mm

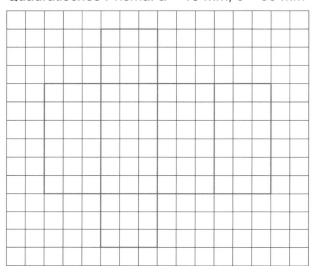

3 Untersuche, welche Würfel aus dem abgebildeten Netz hergestellt werden können. Notiere bei den Schrägbildern richtig (✓) oder falsch (f).

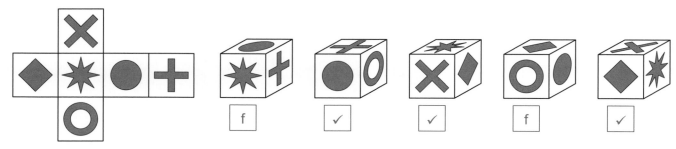

- Zeichne auf Karopapier entsprechend der Abbildung ein Würfelnetz. Für die einzelnen Quadrate wähle als Seitenlänge s = 3 cm.
- Zeichne auf die einzelnen Quadratflächen die entsprechenden Bilder.
- Füge – wie in der Skizze angegeben – die Hilfsflächen an.
- Schneide die Figur aus und falte so, dass du einen Würfel erhältst.

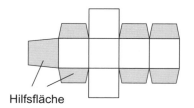

Hilfsfläche

Nun kontrolliere, ob du bei den Schrägbildern wirklich die richtigen Würfel gefunden hast.

Ilse Mayer: Mathematik an Schwerpunkten produktiv üben · 5. Klasse · Best.-Nr. 709 · © Brigg Pädagogik Verlag GmbH, Augsburg

1 Gib jeweils die Länge der gezeichneten Strecke an.

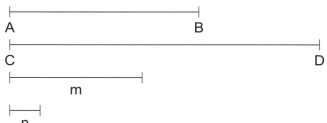

$\overline{AB}$ = ...

$\overline{CD}$ = ...

m = ...

n = ...

2 Zeichne die Strecken mit den angegebenen Längen und beschrifte entsprechend.

$\overline{AB}$ = 3,8 cm

$\overline{CD}$ = 4,5 cm

a =   0,9 cm

b =   10,7 cm

3 Bestimme die Länge des Streckenzugs.

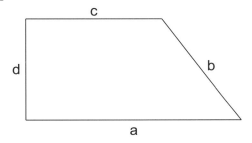

a = ... mm

b = ... mm

c = ... mm

d = ... mm
_____
a + b + c + d = ... mm

4 a) Zeichne durch den Punkt P drei Geraden und bezeichne sie mit x, y, z.

b) Zeichne die Geraden g(AB) und h(AC).

P
×

 C

× A

B ×

5 a) Gegeben sind die Punkte A, B, C, D. Zeichne alle Geraden durch je zwei dieser Punkte ein.

b) Die drei Geraden x, y und z haben keinen gemeinsamen Schnittpunkt. Oder?

× D

× C

× A

B ×

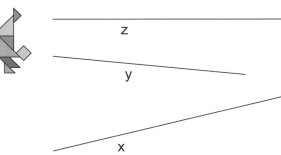

z

y

x

....

1 Gib jeweils die Länge der gezeichneten Strecke an.

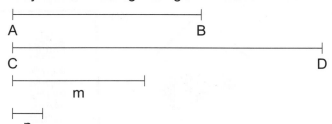

$\overline{AB}$ = ___50 mm = ___5 cm

$\overline{CD}$ = ___82 mm = 8,2 cm = 8 cm 2 mm

m = ___35 mm = 3,5 cm = 3 cm 5 mm

n = ___8 mm = 0,8 cm

2 Zeichne die Strecken mit den angegebenen Längen und beschrifte entsprechend.

$\overline{AB}$ = 3,8 cm

$\overline{CD}$ = 4,5 cm

a = 0,9 cm

b = 10,7 cm

3 Bestimme die Länge des Streckenzugs.

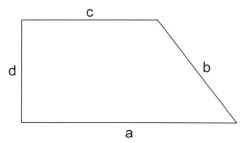

a = ___57 mm

b = ___35 mm

c = ___36 mm

d = ___28 mm

a + b + c + d = ___156 mm

4 a) Zeichne durch den Punkt P drei Geraden und bezeichne sie mit x, y, z.

b) Zeichne die Geraden g(AB) und h(AC).

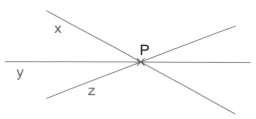

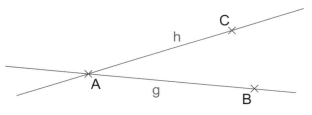

5 a) Gegeben sind die Punkte A, B, C, D. Zeichne alle Geraden durch je zwei dieser Punkte ein.

b) Die drei Geraden x, y und z haben keinen gemeinsamen Schnittpunkt. Oder?

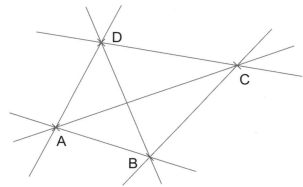

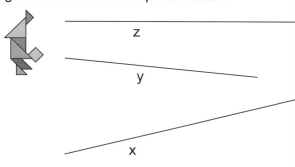

3 Schnittpunkte; Geraden sind unendlich lang.

Ilse Mayer: Mathematik an Schwerpunkten produktiv üben · 5. Klasse · Best.-Nr. 709 · © Brigg Pädagogik Verlag GmbH, Augsburg

1 a) Sind die dicken Linien zueinander parallel?   b) Haben die Bilderrahmen „richtige" Ecken?

(1)   (2)   (1)   (2)

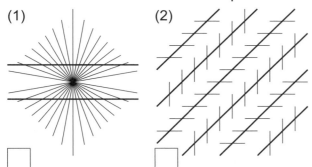
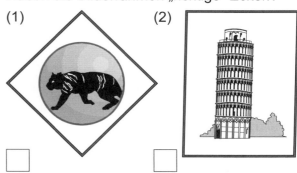

☐   ☐   ☐   ☐

2 a) Zeichne drei Geraden a, b und c, die einen   b) Zeichne drei Geraden x, y und z, die keinen
      gemeinsamen Schnittpunkt S haben.   gemeinsamen Schnittpunkt haben.

3 a) Zeichne durch den Punkt P zwei Geraden m   b) Zeichne durch den Punkt S eine Parallele zu g
      und n, die zueinander senkrecht stehen.   und durch den Punkt T eine Senkrechte zu g.

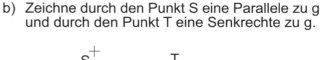

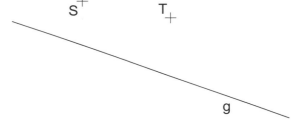

                              +
                              P

4 Überprüfe mit dem Geodreieck, welche Geraden zueinander parallel oder zueinander senkrecht sind.
    Setze das entsprechende Zeichen ‖ oder ⦜ ein.

a)   b)
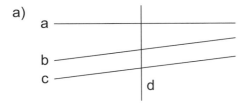
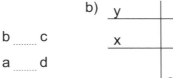
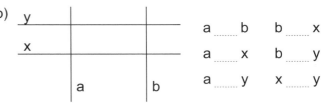

5 Miss jeweils den Abstand. Was könnte hier verkleinert dargestellt sein?

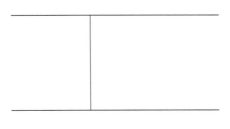
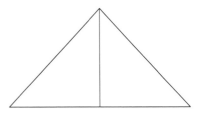

....

....

1 a) Sind die dicken Linien zueinander parallel?

(1)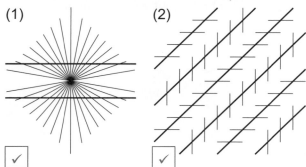

(2)

☑   ☑

b) Haben die Bilderrahmen „richtige" Ecken?

(1)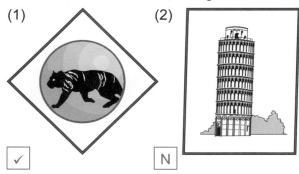

(2)

☑   N

2 a) Zeichne drei Geraden a, b und c, die einen gemeinsamen Schnittpunkt S haben.

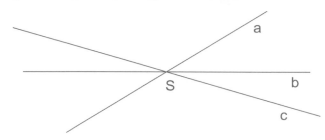

b) Zeichne drei Geraden x, y und z, die keinen gemeinsamen Schnittpunkt haben.

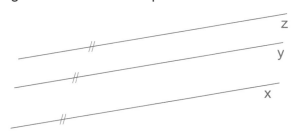

3 a) Zeichne durch den Punkt P zwei Geraden m und n, die zueinander senkrecht stehen.

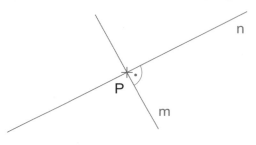

b) Zeichne durch den Punkt S eine Parallele zu g und durch den Punkt T eine Senkrechte zu g.

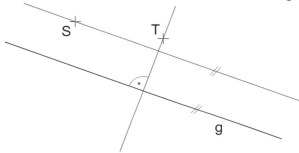

4 Überprüfe mit dem Geodreieck, welche Geraden zueinander parallel oder zueinander senkrecht sind. Setze das entsprechende Zeichen ∥ oder ⌐ ein.

a)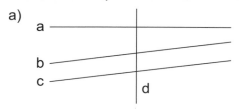

b ∥ c

a ⌐ d

b)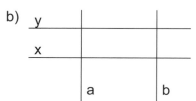

a ∥ b   b ⌐ x

a ⌐ x   b ⌐ y

a ⌐ y   x ∥ y

5 Miss jeweils den Abstand. Was könnte hier verkleinert dargestellt sein?

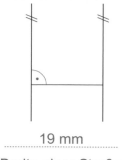

19 mm

Breite einer Straße

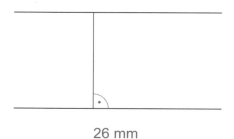

26 mm

Höhe einer Mauer

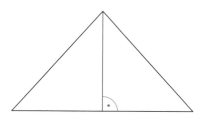

27 mm

Höhe eines Dachgiebels

Ilse Mayer: Mathematik an Schwerpunkten produktiv üben · 5. Klasse · Best.-Nr. 709 · © Brigg Pädagogik Verlag GmbH, Augsburg

1 Rings um uns herum befinden sich symmetrische Formen. Symmetrische Objekte werden häufig als schön bezeichnet. Sie sind aus der Kunst, Architektur und Technik nicht wegzudenken.
Zeichne, wenn möglich, alle Symmetrieachsen ein.

2 Ergänze jeweils zu einer achsensymmetrischen Figur.

a)

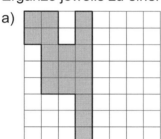 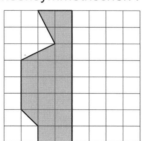

b)

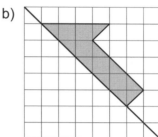 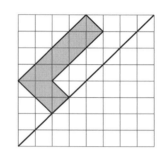

Überprüfe, ob du richtig konstruiert hast, ob die Figuren symmetrisch sind.

▶ Die Verbindungsstrecke symmetrisch liegender Punkte steht senkrecht auf die Symmetrieachse. Symmetrisch liegende Punkte sind von der Symmetrieachse gleich weit entfernt.

3 a) Die Figuren sind achsensymmetrisch.
Zeichne jeweils die Symmetrieachse.

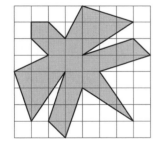 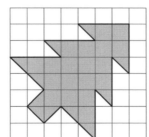

b) Spiegle zuerst an einer Symmetrieachse, danach an der anderen.

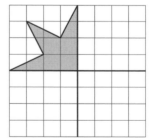 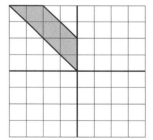

4 Vervollständige mit freier Hand zu einer achsensymmetrischen Figur.

a)

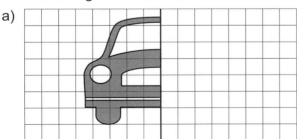

b)

| Ich kann Symmetrien erkennen und die Eigenschaften der Symmetrie beschreiben. | | | | |

1 Rings um uns herum befinden sich symmetrische Formen. Symmetrische Objekte werden häufig als schön bezeichnet. Sie sind aus der Kunst, Architektur und Technik nicht wegzudenken.

Zeichne, wenn möglich, alle Symmetrieachsen ein.

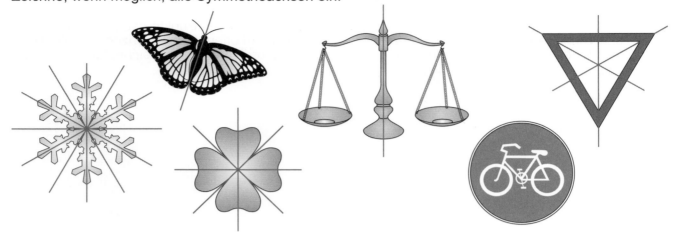

2 Ergänze jeweils zu einer achsensymmetrischen Figur.

a)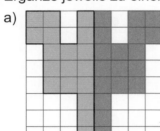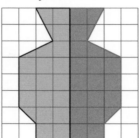

b)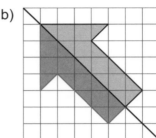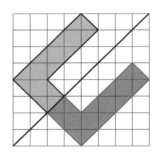

Überprüfe, ob du richtig konstruiert hast, ob die Figuren symmetrisch sind.

▶ Die Verbindungsstrecke symmetrisch liegender Punkte steht senkrecht auf die Symmetrieachse. Symmetrisch liegende Punkte sind von der Symmetrieachse gleich weit entfernt.

3 a) Die Figuren sind achsensymmetrisch. Zeichne jeweils die Symmetrieachse.

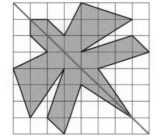 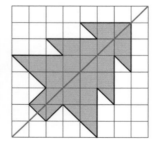

b) Spiegle zuerst an einer Symmetrieachse, danach an der anderen.

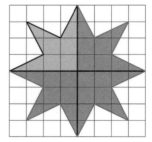 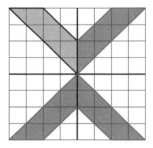

4 Vervollständige mit freier Hand zu einer achsensymmetrischen Figur.

a)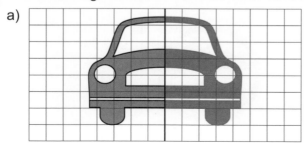

b)

Ich kann Symmetrien erkennen und die Eigenschaften der Symmetrie beschreiben.				

Ilse Mayer: Mathematik an Schwerpunkten produktiv üben · 5. Klasse · Best.-Nr. 709 · © Brigg Pädagogik Verlag GmbH, Augsburg

Mit Hilfe eines Koordinatensystems können Punkte in einer Zeichenebene eindeutig festgelegt werden.

Achte auf die Reihenfolge der Koordinaten: erst rechts, dann hoch. P($\rightarrow$|$\uparrow$)

1 a) Zeichne die Punkte in das Koordinatensystem und verbinde sie nach dem Alphabet mit einem geschlossenen Streckenzug.

A(3|1) B(5|1) C(7|3) D(6|4) E(6|6)

$\underset{\rightarrow}{}$ $\underset{\uparrow}{}$

F(8|6) G(6|8) H(5|7) I(5|5) J(3|3)

K(0|5) L(2|2) M(4|2)

b) Verbinde die Punkte nach dem Alphabet mit einem offenen Streckenzug und gib die Koordinaten der gezeichneten Punkte an.

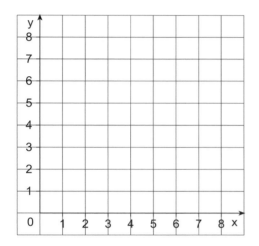

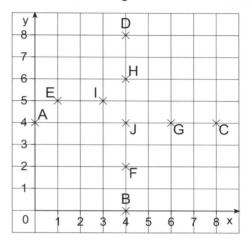

A .... B .... C .... D ....

E .... F .... G .... H ....

I .... J ....

2 Zeichne die Punkte in das Koordinatensystem und verbinde sie mit einem geschlossenen Streckenzug. Gib den Namen des Vierecks an.

a) A(1|2), B(11|2), C(11|6), D(1|6).

b) A(4|1), B(8|5), C(4|9), D(0|5).

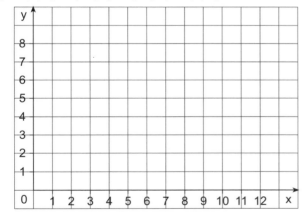

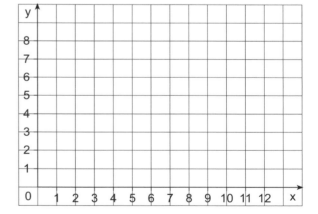

3

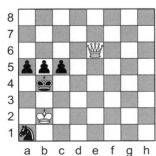

Manchmal werden mit Koordinaten nicht Gitterpunkte, sondern Felder bezeichnet. Beispiele sind Stadtpläne und das Schachbrett.

Auf welchen Feldern stehen die Figuren?

♚ schwarzer König: ___b4___

♞ schwarzer Springer: _____   ♔ weißer König: _____

♟ schwarze Bauern: _____   ♛ weiße Dame: _____

Spielst du Schach?
Weiß setzt in zwei Zügen matt: D-e6-e3 ...

Mit Hilfe eines Koordinatensystems können Punkte in einer Zeichenebene eindeutig festgelegt werden.

Achte auf die Reihenfolge der Koordinaten: erst rechts, dann hoch. P($\rightarrow$|$\uparrow$)

1 a) Zeichne die Punkte in das Koordinatensystem und verbinde sie nach dem Alphabet mit einem geschlossenen Streckenzug.

A(3|1)   B(5|1)   C(7|3)   D(6|4)   E(6|6)
$\rightarrow$ $\uparrow$
F(8|6)   G(6|8)   H(5|7)   I(5|5)   J(3|3)

K(0|5)   L(2|2)   M(4|2)

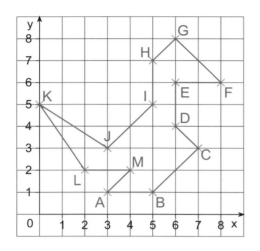

b) Verbinde die Punkte nach dem Alphabet mit einem offenen Streckenzug und gib die Koordinaten der gezeichneten Punkte an.

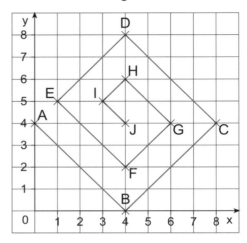

A (0|4)   B (4|0)   C (8|4)   D (4|8)

E (1|5)   F (4|2)   G (6|4)   H (4|6)

I (3|5)   J (4|4)

2 Zeichne die Punkte in das Koordinatensystem und verbinde sie mit einem geschlossenen Streckenzug. Gib den Namen des Vierecks an.

a) A(1|2), B(11|2), C(11|6), D(1|6).

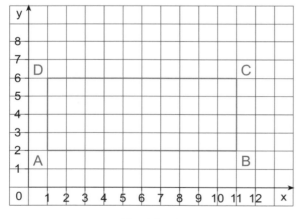

Rechteck

b) A(4|1), B(8|5), C(4|9), D(0/5).

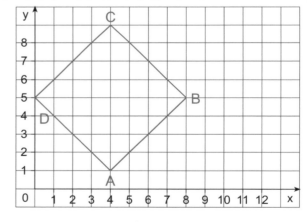

Quadrat

3

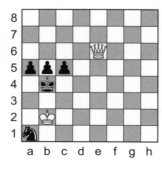

Manchmal werden mit Koordinaten nicht Gitterpunkte, sondern Felder bezeichnet. Beispiele sind Stadtpläne und das Schachbrett.

Auf welchen Feldern stehen die Figuren?

♚ schwarzer König: b4

♞ schwarzer Springer: a1   ♔ weißer König: b2

♟ schwarze Bauern: a5, b5, c5   ♕ weiße Dame: e6

Spielst du Schach?
Weiß setzt in zwei Zügen matt: D-e6-e3 ...

Ilse Mayer: Mathematik an Schwerpunkten produktiv üben · 5. Klasse · Best.-Nr. 709 · © Brigg Pädagogik Verlag GmbH, Augsburg

1 a)

25 €   39 €

Felix bekommt Sportschuhe zu 39 € und
einen Basketball zu 25 €.
Wie viel Euro sind zu bezahlen?

....

Die Rechenart heißt ....

b)

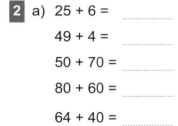

Aus einem Fass mit 230 Liter Apfelsaft
wurden 50 Liter in Flaschen abgefüllt.
Wie viel Liter befinden sich noch im Fass?

....

Die Rechenart heißt ....

2 a) $25 + 6 =$ ....

$49 + 4 =$ ....

$50 + 70 =$ ....

$80 + 60 =$ ....

$64 + 40 =$ ....

$73 + 80 =$ ....

$18 + 67 =$ ....

$52 + 55 =$ ....

b) $147 + 8 =$ ....

$353 + 6 =$ ....

$140 + 30 =$ ....

$510 + 50 =$ ....

$182 + 70 =$ ....

$139 + 31 =$ ....

$372 + 13 =$ ....

$215 + 66 =$ ....

c) $25 - 4 =$ ....

$49 - 6 =$ ....

$38 - 8 =$ ....

$76 - 5 =$ ....

$83 - 50 =$ ....

$96 - 70 =$ ....

$65 - 20 =$ ....

$74 - 60 =$ ....

d) $59 - 23 =$ ....

$87 - 44 =$ ....

$46 - 31 =$ ....

$93 - 52 =$ ....

$61 - 35 =$ ....

$63 - 63 =$ ....

$86 - 37 =$ ....

$94 - 58 =$ ....

3 Rechenmauer.
a) Additionen

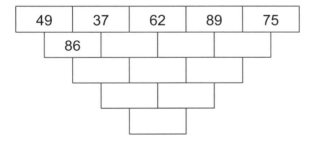

49	37	62	89	75
	86			

b) Subtraktionen

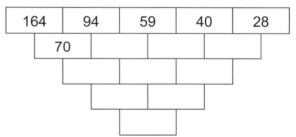

164	94	59	40	28
	70			

4 Zahlenreihen. Entdecke die Regeln und ergänze.

a) ...., ..., ..., 53 , 62 , 71 , 80 , 89 , ..., ..., ..., ..., ...

b) ...., ..., ..., 86 , 84 , 78 , 76 , 70 , ..., ..., ..., ..., ...

c) ...., ..., ..., 56 , 49 , 59 , 52 , 62 , ..., ..., ..., ..., ...

d) ...., ..., ..., 11 , 15 , 20 , 26 , 33 , ..., ..., ..., ..., ...

5 Eines Tages fällt ein Frosch in einen 10 Meter tiefen Brunnen. Mit aller Kraft probiert der Frosch, die
glitschigen Wände des Brunnens hinaufzuklettern. Dabei klettert der Frosch pro Tag 3 Meter hinauf.
Jede Nacht, während er sich ausruht, rutscht der Frosch jedoch wieder um 2 Meter nach unten.
Am wievielten Tag gelingt es dem armen Frosch endlich, aus dem Brunnen zu kommen?

....

1 a)

25 €   39 €

Felix bekommt Sportschuhe zu 39 € und
einen Basketball zu 25 €.
Wie viel Euro sind zu bezahlen?

39 € + 25 € = 64 €

Die Rechenart heißt   Addition.

b)

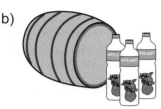

Aus einem Fass mit 230 Liter Apfelsaft
wurden 50 Liter in Flaschen abgefüllt.
Wie viel Liter befinden sich noch im Fass?

230 l – 50 l = 180 l

Die Rechenart heißt   Subtraktion.

2 a) 25 + 6 =   31   b) 147 + 8 =   155   c) 25 – 4 =   21   d) 59 – 23 =   36

49 + 4 =   53   353 + 6 =   359   49 – 6 =   43   87 – 44 =   43

50 + 70 =   120   140 + 30 =   170   38 – 8 =   30   46 – 31 =   15

80 + 60 =   140   510 + 50 =   560   76 – 5 =   71   93 – 52 =   41

64 + 40 =   104   182 + 70 =   252   83 – 50 =   33   61 – 35 =   26

73 + 80 =   153   139 + 31 =   170   96 – 70 =   26   63 – 63 =   0

18 + 67 =   85   372 + 13 =   385   65 – 20 =   45   86 – 37 =   49

52 + 55 =   107   215 + 66 =   281   74 – 60 =   14   94 – 58 =   36

3 Rechenmauer.
a) Additionen

49	37	62	89	75
	86	99	151	164
		185	250	315
			435	565
				1000

b) Subtraktionen

164	94	59	40	28
	70	35	19	12
		35	16	7
			19	9
				10

4 Zahlenreihen. Entdecke die Regeln und ergänze.

a) 26 , 35 , 44 , 53 , 62 , 71 , 80 , 89 , 98 , 107 , 116 , 125 , 134

b) 100 , 94 , 92 , 86 , 84 , 78 , 76 , 70 , 68 , 62 , 60 , 54 , 52

c) 43 , 53 , 46 , 56 , 49 , 59 , 52 , 62 , 55 , 65 , 58 , 68 , 61

d) 5 , 6 , 8 , 11 , 15 , 20 , 26 , 33 , 41 , 50 , 60 , 71 , 83

5 Eines Tages fällt ein Frosch in einen 10 Meter tiefen Brunnen. Mit aller Kraft probiert der Frosch, die
glitschigen Wände des Brunnens hinaufzuklettern. Dabei klettert der Frosch pro Tag 3 Meter hinauf.
Jede Nacht, während er sich ausruht, rutscht der Frosch jedoch wieder um 2 Meter nach unten.
Am wievielten Tag gelingt es dem armen Frosch endlich, aus dem Brunnen zu kommen?

1. Tag	2. Tag	3. Tag	7. Tag	8. Tag
3 m	1 m + 3 m = 4 m	2 m + 3 m = 5 m	6 m + 3 m = 9 m	7 m + 3 m = 10 m

Am 8. Tag kommt der Frosch endlich aus dem Brunnen.

Ilse Mayer: Mathematik an Schwerpunkten produktiv üben · 5. Klasse · Best.-Nr. 709 · © Brigg Pädagogik Verlag GmbH, Augsburg

1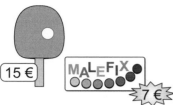

Thomas kauft zuerst einen Tischtennisschläger zu 7 € und dann einen Malkasten zu 15 €.

Nina kauft zuerst den gleichen Malkasten und danach den gleichen Tischtennisschläger.

Thomas bezahlt: 15 € + 7 € =

Nina bezahlt:

▶ Der Wert der Summe bleibt gleich, wenn man Summanden vertauscht.

Das Rechengesetz heißt

2 139 Kinder gehen zu Fuß zur Schule, 78 kommen mit der Bahn und die übrigen 52 Kinder fahren mit dem Bus. Wie viele Kinder besuchen diese Schule?

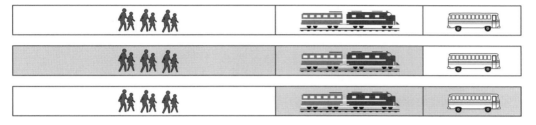

Diese Aufgabe kann man auf mehrere Arten lösen:

Ⅰ Der Reihe nach von links nach rechts rechnen.

Ⅱ Zuerst die Summe jener Kinder berechnen, die mit der Bahn und dem Bus fahren.

A:

▶ Der Wert der Summe bleibt gleich, wenn man Summanden beliebig zu Teilsummen verbindet.

Das Rechengesetz heißt

3 Dieselben Zahlen, dieselben Rechenzeichen. Sind auch die Ergebnisse gleich? Vergleiche!
Beachte: Was in Klammer steht, wird zuerst berechnet.

a1)   53 + 29 − 20 − 11

a2)   (53 + 29) − (20 − 11)

a3)   53 + (29 − 20) − 11

b1)   72 + 19 − 12 + 26

b2)   (72 + 19) − (12 + 26)

b3)   72 + (19 − 12) + 26

4 Rechne vorteilhaft. Wende das Kommutativgesetz und das Assoziativgesetz geschickt an.

a)   88 + 64 + 12 + 26

b)   36 + 42 + 14 + 23 + 18 + 37

c)   25 + 37 + 28 + 35 + 72 + 13

d)   19 + 104 + 53 + 47 + 81 + 76

1

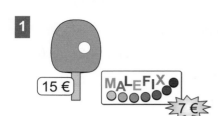

Thomas kauft zuerst einen Tischtennisschläger zu 7 € und dann einen Malkasten zu 15 €.

Nina kauft zuerst den gleichen Malkasten und danach den gleichen Tischtennisschläger.

Thomas bezahlt: 15 € + 7 € = __22 €__

Nina bezahlt: __7 € + 15 € =__ __22 €__

▶ Der Wert der Summe bleibt gleich, wenn man Summanden vertauscht.

Das Rechengesetz heißt _Vertauschungsgesetz oder Kommutativgesetz._

2 139 Kinder gehen zu Fuß zur Schule, 78 kommen mit der Bahn und die übrigen 52 Kinder fahren mit dem Bus. Wie viele Kinder besuchen diese Schule?

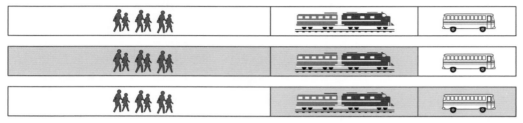

Diese Aufgabe kann man auf mehrere Arten lösen:

I Der Reihe nach von links nach rechts rechnen.

   139 + 78 + 52

= __217__ + 52 = 269

II Zuerst die Summe jener Kinder berechnen, die mit der Bahn und dem Bus fahren.

   139 + (78 + 52)

= 139 + __130__ = 269

A: _269 Kinder besuchen die Schule._

▶ Der Wert der Summe bleibt gleich, wenn man Summanden beliebig zu Teilsummen verbindet.

Das Rechengesetz heißt _Verbindungsgesetz oder Assoziativgesetz._

3 Dieselben Zahlen, dieselben Rechenzeichen. Sind auch die Ergebnisse gleich? Vergleiche!
Beachte: Was in Klammer steht, wird zuerst berechnet.

a1) 53 + 29 − 20 − 11

= __82__ − 20 − 11

= __62__ − 11 = 51

a2) (53 + 29) − (20 − 11)

= __82__ − __9__ = 73

a3) 53 + (29 − 20) − 11

= 53 + __9__ − 11

= __62__ − 11 = 51

b1) 72 + 19 − 12 + 26

= __91__ − 12 + 26

= __79__ + 26 = 105

b2) (72 + 19) − (12 + 26)

= __91__ − __38__ = 53

b3) 72 + (19 − 12) + 26

= 72 + __7__ + 26

= __79__ + 26 = 105

4 Rechne vorteilhaft. Wende das Kommutativgesetz und das Assoziativgesetz geschickt an.

a) 88 + 64 + 12 + 26

= (88 + 12) + (64 + 26)

= __100__ + __90__ = 190

b) 36 + 42 + 14 + 23 + 18 + 37

= (36 + 14) + (42 + 18) + (23 + 37)

= __50__ + __60__ + __60__ = 170

c) 25 + 37 + 28 + 35 + 72 + 13

= (25 + 35) + (37 + 13) + (28 + 72)

= __60__ + __50__ + __100__ = 210

d) 19 + 104 + 53 + 47 + 81 + 76

= (19 + 81) + (104 + 76) + (53 + 47)

= __100__ + __180__ + __100__ = 380

Ilse Mayer: Mathematik an Schwerpunkten produktiv üben · 5. Klasse · Best.-Nr. 709 · © Brigg Pädagogik Verlag GmbH, Augsburg

1 Berechne die Summe. Kontrolliere, indem du in umgekehrter Richtung addierst.

a)   2 361    b)   582   c)   2 784   d)   13 500   e)   2 356

        106   3 692   1 502   8 248   5 000

     +5 790   +4 410   + 666   + 1 199   +27 439

....

2 Schreibe die Zahlen richtig untereinander und addiere. (Kontrolliere immer deine Rechnung!)

a) 829 + 415 + 1 706   c) 12 003 + 2 618 + 5 897
b) 4 618 + 999 + 2 822   d) 53 441 + 18 519 + 66 772

a)   b)   c)   d)

3 Schreibe die Zahlen richtig untereinander und berechne die Summe.

a) 15 928 + 6 580 + 177 306   c) 628 315 + 299 284 + 2 315 024
b) 30 527 + 128 999 + 2 783   d) 14 620 577 + 3 500 318 + 2 963 885

a)   b)   c)   d)

4 Berechne die Differenz. Kontrolliere deine Rechnung (mündlich) mit der Additionsprobe.

a)   8 593    b)   35 417   c)   78 990   d)   249 229   e)   450 000

   − 2 712 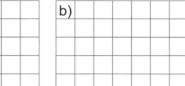   − 9 289   − 23 318   − 81 937   − 295 837

....

5 Schreibe die Zahlen richtig untereinander und subtrahiere. (Rechne immer auch die Probe!)

a) 6 412 − 829   b) 9 850 − 2 733   c) 39 240 − 5 588   d) 41 953 − 21 675

6 Subtrahiere die kleinere von der größeren Zahl.

a) 438; 711   b) 5 458; 4 999   c) 25 102; 25 201   d) 88 900; 123 000

1 Berechne die Summe. Kontrolliere, indem du in umgekehrter Richtung addierst.

a)
```
    2 361  ↑
      106
  +5 790  │↓
  ───────
    8 257
```

b)
```
      582
    3 692
  +4 410
  ───────
    8 684
```

c)
```
    2 784
    1 502
  +   666
  ───────
    4 952
```

d)
```
   13 500
    8 248
  +  1 199
  ────────
   22 947
```

e)
```
    2 356
    5 000
  +27 439
  ───────
   34 795
```

2 Schreibe die Zahlen richtig untereinander und addiere. (Kontrolliere immer deine Rechnung!)

a) 829 + 415 + 1 706
b) 4 618 + 999 + 2 822
c) 12 003 + 2 618 + 5 897
d) 53 441 + 18 519 + 66 772

a)
```
        8 2 9
        4 1 5
  +  1  7 0 6
     1    2
  ───────────
     2  9 5 0
```

b)
```
     4 6 1 8
       9 9 9
  +  2 8 2 2
       2 1 1
  ──────────
     8 4 3 9
```

c)
```
    1 2 0 0 3
      2 6 1 8
  +   5 8 9 7
      1 1 1 1
  ───────────
    2 0 5 1 8
```

d)
```
    5 3 4 4 1
    1 8 5 1 9
  + 6 6 7 7 2
    1 1 1 1 1
  ───────────
    1 3 8 7 3 2
```

3 Schreibe die Zahlen richtig untereinander und berechne die Summe.

a) 15 928 + 6 580 + 177 306
b) 30 527 + 128 999 + 2 783
c) 628 315 + 299 284 + 2 315 024
d) 14 620 577 + 3 500 318 + 2 963 885

a)
```
    1 5 9 2 8
      6 5 8 0
  + 1 7 7 3 0 6
      1 1 1 1
  ─────────────
    1 9 9 8 1 4
```

b)
```
    3 0 5 2 7
  1 2 8 9 9 9
  +     2 7 8 3
      1 2 2 1
  ─────────────
  1 6 2 3 0 9
```

c)
```
      6 2 8 3 1 5
      2 9 9 2 8 4
  + 2 3 1 5 0 2 4
      1 1 2   1 1
  ───────────────
    3 2 4 2 6 2 3
```

d)
```
  1 4 6 2 0 5 7 7
      3 5 0 0 3 1 8
  +   2 9 6 3 8 8 5
      1 2     1 1 2
  ─────────────────
    2 1 0 8 4 7 8 0
```

4 Berechne die Differenz. Kontrolliere deine Rechnung (mündlich) mit der Additionsprobe.

a)
```
    8 593  ↖
  − 2 712  ⎫ ⊕
  ───────  ⎭
    5 881
```

b)
```
   35 417
  −  9 289
  ───────
   26 128
```

c)
```
   78 990
  − 23 318
  ───────
   55 672
```

d)
```
   249 229
  − 81 937
  ────────
   167 292
```

e)
```
   450 000
  − 295 837
  ────────
   154 163
```

5 Schreibe die Zahlen richtig untereinander und subtrahiere. (Rechne immer auch die Probe!)

a) 6 412 − 829
b) 9 850 − 2 733
c) 39 240 − 5 588
d) 41 953 − 21 675

a)
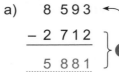
```
      5 3 0
    6̶ 4̶ 1̶ 2
  −     8 2 9
  ───────────
    5 5 8 3
```

b)

```
            4
    9 8 5̶ 0
  − 2 7 3 3
  ──────────
    7 1 1 7
```

c)

```
        8 1 3
    3 9 2̶ 4̶ 0
  −   5 5 8 8
  ────────────
    3 3 6 5 2
```

d)

```
          8 4
    4 1 9̶ 5̶ 3
  − 2 1 6 7 5
  ────────────
    2 0 2 7 8
```

6 Subtrahiere die kleinere von der größeren Zahl.

a) 438; 711
b) 5 458; 4 999
c) 25 102; 25 201
d) 88 900; 123 000

a)
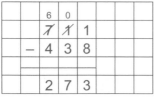
```
      6 0
    7̶ 1̶ 1
  − 4 3 8
  ───────
    2 7 3
```

b)

```
      4 3 4
    5̶ 4̶ 5̶ 8
  − 4 9 9 9
  ──────────
    4 5 9
```

c)
```
        1 9
    2 5 2̶ 0̶ 1
  − 2 5 1 0 2
  ────────────
          9 9
```

d)

```
        1 2
    1 2̶ 3̶ 0 0 0
  −   8 8 9 0 0
  ──────────────
    3 4 1 0 0
```

Ilse Mayer: Mathematik an Schwerpunkten produktiv üben · 5. Klasse · Best.-Nr. 709 · © Brigg Pädagogik Verlag GmbH, Augsburg

1 Berechne jeweils die fehlende Zahl im Kopf. Kontrolliere dann, ob du richtig gerechnet hast.

a) $5 + 3 =$ ☐   b) $27 + 11 =$ ☐   c) $11 - 7 =$ ☐   d) $36 - 8 =$ ☐

$26 +$ ☐ $= 33$ $35 +$ ☐ $= 49$ $18 -$ ☐ $= 13$ $44 -$ ☐ $= 32$

☐ $+ 8 = 22$ ☐ $+ 22 = 73$ ☐ $- 7 = 25$ ☐ $- 41 = 38$

2 Additionen, Subtraktionen. Ergänze die fehlenden Zahlen sowie Rechenanweisungen.

a) 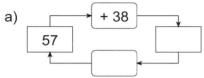   b) 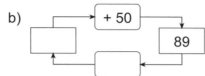   c)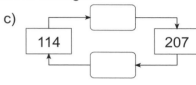

d) 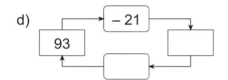   e) 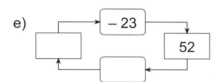   f)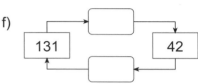

3 Berechne die fehlende Zahl. (Rechne eine Probe!)

a1)   6 5 1   a2)   ☐   a3)   2 2 5 0 7   a4)   ☐
   + ☐   +   4 4 7   +   +   6 9 2 8 2
   ─────   ─────────   ─────────────   ─────────────
     9 5 5   5 2 5 9   7 9 1 5 1   4 1 5 2 9 3

b1)   8 6 2   b2)   ☐   b3)   9 8 4 2 0   b4)   ☐
   − ☐   −   1 8 2   −   −   4 6 7 1 2
   ─────   ─────────   ─────────────   ─────────────
     6 4 3   1 3 5 5   4 3 4 8 1   7 5 6 9 0

4 Ergänze die fehlenden Ziffern. Vergiss nicht, danach deine Rechnung zu überprüfen.

a)   6 5 ☐ 5   b)   2 ☐ 9 3   c)   ☐ 3 ☐ 5
   + ☐ 9 6 0   + 4 2 ☐ ☐   + 3 ☐ 0 ☐
   ─────────   ─────────   ─────────
     8 ☐ 1 ☐   ☐ 7 6 0   4 5 0 3

d)   5 4 ☐ 9   e)   8 ☐ 0 0   f)   ☐ 2 ☐ 6
   − ☐ 1 7 5   − 5 7 ☐ ☐   − 7 ☐ 9 ☐
   ─────────   ─────────   ─────────
     3 ☐ 4 ☐   ☐ 2 0 6   1 3 4 9

5 Ergänze zu einem „Zauberquadrat". In jeder Zeile (→), Spalte (↓) und Diagonale (↘, ↙) muss die Summe der drei Zahlen gleich groß sein. Für die Aufgaben c) und d) verwende die Zahlen in den Kreisen.

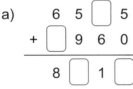

a)

7	6	11
	8	

b)

3		
		9
11		15

c) ① ③ ⑤ ⑦ ⑨

2		4
6		8

d) ② ④ ⑥ ⑧ ⑩

7		9
3		5

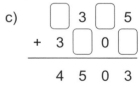

Wie habt ihr die Lösung gefunden?

Ich gebe bei einer Aufgabe oder einem Rätsel so lange nicht auf, bis ich die Lösung gefunden habe.

1 Berechne jeweils die fehlende Zahl im Kopf. Kontrolliere dann, ob du richtig gerechnet hast.

a) 5 + 3 = $\boxed{8}$ b) 27 + 11 = $\boxed{38}$ c) 11 − 7 = $\boxed{4}$ d) 36 − 8 = $\boxed{28}$

26 + $\boxed{7}$ = 33   35 + $\boxed{14}$ = 49   18 − $\boxed{5}$ = 13   44 − $\boxed{12}$ = 32

$\boxed{14}$ + 8 = 22 $\boxed{51}$ + 22 = 73 $\boxed{32}$ − 7 = 25 $\boxed{79}$ − 41 = 38

2 Additionen, Subtraktionen. Ergänze die fehlenden Zahlen sowie Rechenanweisungen.

a) 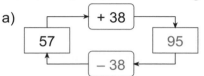   b)    c)

d) 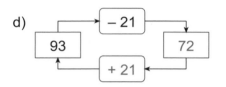   e) 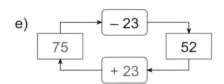   f)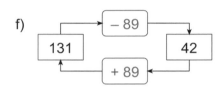

3 Berechne die fehlende Zahl. (Rechne eine Probe!)

a1)
```
    6 5 1
+ [ 3 0 4 ]
─────────
    9 5 5
```

a2)
```
  [ 4 8 1 2 ]
+     4 4 7
─────────
  5 2 5 9
```

a3)
```
    2 2  5 0 7
+ [ 5 6  6 4 4 ]
─────────
  7 9  1 5 1
```

a4)
```
  [ 3 4 6  0 1 1 ]
+     6 9  2 8 2
─────────
  4 1 5  2 9 3
```

b1)
```
    8 6 2
− [ 2 1 9 ]
─────────
    6 4 3
```

b2)
```
  [ 1 5 3 7 ]
−     1 8 2
─────────
  1 3 5 5
```

b3)
```
    9 8  4 2 0
− [ 5 4  9 3 9 ]
─────────
  4 3  4 8 1
```

b4)
```
  [ 1 2 2  4 0 2 ]
−     4 6  7 1 2
─────────
  7 5  6 9 0
```

4 Ergänze die fehlenden Ziffern. Vergiss nicht, danach deine Rechnung zu überprüfen.

a)
```
    6 5 [5] 5
+ [1] 9 6 0
─────────
  8 [5] 1 [5]
```

b)
```
    2 [4] 9 3
+   4 2 [6] [7]
─────────
  [6] 7 6 0
```

c)
```
  [1] 3 [9] 5
+   3 1 0 [8]
─────────
  4 5 0 3
```

d)
```
    5 4 [1] 9
− [2] 1 7 5
─────────
  3 [2] 4 [4]
```

e)
```
    8 [0] 0 0
−   5 7 [9] [4]
─────────
  [2] 2 0 6
```

f)
```
    9 [2] 4 6
−   7 [8] 9 [7]
─────────
  1 3 4 9
```

5 Ergänze zu einem „Zauberquadrat". In jeder Zeile (→), Spalte (↓) und Diagonale (↘, ↙) muss die Summe der drei Zahlen gleich groß sein. Für die Aufgaben c) und d) verwende die Zahlen in den Kreisen.

a)
7	6	11
12	8	4
5	10	9

b)
3	17	7
13	9	5
11	1	15

c) ① ③ ⑤ ⑦ ⑨
2	9	4
7	5	3
6	1	8

d) ② ④ ⑥ ⑧ ⑩
7	2	9
8	6	4
3	10	5

Wie habt ihr die Lösung gefunden?

Ich gebe bei einer Aufgabe oder einem Rätsel so lange nicht auf, bis ich die Lösung gefunden habe.

Ilse Mayer: Mathematik an Schwerpunkten produktiv üben · 5. Klasse · Best.-Nr. 709 · © Brigg Pädagogik Verlag GmbH, Augsburg

Schreibe immer den Rechenweg auf. Wenn du eine Rechnung nicht im Kopf ausführen möchtest, mache die Nebenrechnung auf einem Notizblatt.
Vergiss bei Sachaufgaben nicht auf den Antwortsatz.

1 Rechne in Zentimetern. (1 m = 100 cm)

a) David war bei seiner Geburt 52 cm groß. Heute, als 10-Jähriger, ist er 1 m 44 cm groß. Wie viel Zentimeter ist er gewachsen?

A: ....

b) Anna ist 1 m 22 cm groß. Ihre Schwester Sarah ist um 27 cm größer als Anna. Wie groß ist Sarah?

A: ....

c) Marias Mutter ist 1 m 72 cm groß, ihr Vater misst 1 m 81 cm. Berechne den Unterschied.

A: ....

d) Paul ist um 18 cm kleiner als Jakob, der 1 m 14 cm misst. Welche Körpergröße hat Paul?

A: ....

e) Julia ist 113 cm groß. Ihr Bruder Alexander ist um 27 cm kleiner als Julia und ihre Mutter ist um 88 cm größer als Alexander. Berechne die Körpergröße von Alexander und von Julias Mutter.

A: ....

2 Sophie ist sehr sparsam. Sie notiert für ihr Taschengeld alle Einnahmen und Ausgaben. Berechne die fehlenden Beträge.

▶ Viele Rechenaufgaben des Alltags kann man übersichtlich mit Hilfe einer Tabelle lösen.

März	Einnahmen	Ausgaben	Rest
1. Woche	4,50 €	3,19 €	
2. Woche	6,00 €	4,75 €	
3. Woche	5,80 €	2,05 €	
4. Woche	10,00 €	5,34 €	
Summe			

A: ....

3 Fußballturnier

5 Mannschaften A, B, C, D und E veranstalten ein Hobby-Turnier. Jede Mannschaft spielt gegen jede andere.

Bei einem Sieg erhält die Mannschaft 3 Punkte, bei einem Unentschieden 1 Punkt.

Die Mannschaften A, B, C, D erzielen 1, 5, 8 und 5 Punkte. Wie viele Punkte erzielt Mannschaft E?

Die Lösung kannst du durch Probieren finden. (Es ist bei dieser Aufgabe hilfreich, die möglichen Ergebnisse in die Tabelle einzutragen.)

	A	B	C	D	E	gesamt
A						1
B						5
C						8
D						5
E						

Schreibe immer den Rechenweg auf. Wenn du eine Rechnung nicht im Kopf ausführen möchtest, mache die Nebenrechnung auf einem Notizblatt.
Vergiss bei Sachaufgaben nicht auf den Antwortsatz.

1 Rechne in Zentimetern. (1 m = 100 cm)

a) David war bei seiner Geburt 52 cm groß. Heute, als 10-Jähriger, ist er 1 m 44 cm groß. Wie viel Zentimeter ist er gewachsen?

144 cm – 52 cm = 92 cm

A: David ist 92 cm gewachsen.

b) Anna ist 1 m 22 cm groß. Ihre Schwester Sarah ist um 27 cm größer als Anna. Wie groß ist Sarah?

122 cm + 27 cm = 149 cm

A: Sarah ist 1 m 49 cm groß.

c) Marias Mutter ist 1 m 72 cm groß, ihr Vater misst 1 m 81 cm. Berechne den Unterschied.

181 cm – 172 cm = 9 cm

A: Marias Mutter ist um 9 cm kleiner als ihr Vater.

d) Paul ist um 18 cm kleiner als Jakob, der 1 m 14 cm misst. Welche Körpergröße hat Paul?

114 cm – 18 cm = 96 cm

A: Paul hat eine Körpergröße von 96 cm.

e) Julia ist 113 cm groß. Ihr Bruder Alexander ist um 27 cm kleiner als Julia und ihre Mutter ist um 88 cm größer als Alexander. Berechne die Körpergröße von Alexander und von Julias Mutter.

113 cm – 27 cm = 86 cm   86 cm + 88 cm = 174 cm

A: Alexander misst 86 cm, Julias Mutter misst 1 m 74 cm.

2 Sophie ist sehr sparsam. Sie notiert für ihr Taschengeld alle Einnahmen und Ausgaben. Berechne die fehlenden Beträge.

▶ Viele Rechenaufgaben des Alltags kann man übersichtlich mit Hilfe einer Tabelle lösen.

März	Einnahmen	Ausgaben	Rest
1. Woche	4,50 €	3,19 €	1,31 €
2. Woche	6,00 €	4,75 €	1,25 €
3. Woche	5,80 €	2,05 €	3,75 €
4. Woche	10,00 €	5,34 €	4,66 €
Summe	26,30 €	15,33 €	10,97 €

A: Im März hat Sophie insgesamt 26,30 € Taschengeld erhalten, 15,33 € hat sie ausgegeben und 10,97 € gespart.

3 Fußballturnier

5 Mannschaften A, B, C, D und E veranstalten ein Hobby-Turnier. Jede Mannschaft spielt gegen jede andere.

Bei einem Sieg erhält die Mannschaft 3 Punkte, bei einem Unentschieden 1 Punkt.

Die Mannschaften A, B, C, D erzielen 1, 5, 8 und 5 Punkte. Wie viele Punkte erzielt Mannschaft E?

Die Lösung kannst du durch Probieren finden. (Es ist bei dieser Aufgabe hilfreich, die möglichen Ergebnisse in die Tabelle einzutragen.)

	A	B	C	D	E	gesamt
A		1	0	0	0	1
B	1		1	3	0	5
C	3	1		1	3	8
D	3	0	1		1	5
E	3	3	0	1		7

1 a)

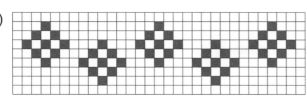

Wie viele dunkle Fliesen wurden verwendet?
(Gib auch an, wie du das Ergebnis ermittelt hast.)

....

Die Rechenart heißt ....

b)

Anna möchte 15 Murmeln an ihre 5 besten Freundinnen verschenken.
Wie viele Murmeln bekommt jede Freundin?

....

Die Rechenart heißt ....

2 Großes Einmaleins und Umkehraufgaben. Du findest für jede Multiplikation die Probe. Überprüfe!

a) $6 \cdot 17 =$ .... $6 \cdot 18 =$ ....   b) $64 : 4 =$ .... $36 : 2 =$ ....

$9 \cdot 12 =$ .... $5 \cdot 13 =$ .... $108 : 6 =$ .... $144 : 9 =$ ....

$8 \cdot 15 =$ .... $8 \cdot 14 =$ .... $112 : 8 =$ .... $57 : 3 =$ ....

$4 \cdot 16 =$ .... $3 \cdot 19 =$ .... $95 : 5 =$ .... $102 : 6 =$ ....

$5 \cdot 19 =$ .... $7 \cdot 17 =$ .... $120 : 8 =$ .... $65 : 5 =$ ....

$2 \cdot 18 =$ .... $9 \cdot 16 =$ .... $108 : 9 =$ .... $119 : 7 =$ ....

3 Berechne jeweils das Produkt oder den Quotienten im Kopf.

a) $36 \cdot 10 =$ ....   b) $59 \cdot 10 =$ ....   c) $128 \cdot 10 =$ ....

$36 \cdot 100 =$ .... $59 \cdot 100 =$ .... $128 \cdot 100 =$ ....

$36 \cdot 1000 =$ .... $59 \cdot 1000 =$ .... $128 \cdot 1000 =$ ....

d) $360 : 10 =$ ....   e) $760 : 10 =$ ....   f) $4\,390 : 10 =$ ....

$3\,600 : 100 =$ .... $7\,600 : 100 =$ .... $43\,900 : 100 =$ ....

$36\,000 : 1000 =$ .... $76\,000 : 1000 =$ .... $439\,000 : 1000 =$ ....

g) $420 \cdot 10 =$ ....   h) $1\,400 : 100 =$ ....   i) $6\,600 \cdot 10 =$ ....

$9\,000 : 100 =$ .... $250 \cdot 100 =$ .... $140\,000 : 1000 =$ ....

$270 \cdot 1000 =$ .... $76\,000 : 10 =$ .... $19 \cdot 1000 =$ ....

4 Martin hat das Einmaleins bis zur 20er-Reihe ($1 \cdot 1$ bis $10 \cdot 20$) gelernt, weil er beim Dividieren großer Zahlen Zeit sparen möchte.

Er sagt, er muss sich nicht so viel merken, denn er fand dabei 11-mal zwei verschiedene Sätzchen, die dasselbe Ergebnis haben.

Wie viele findest du?

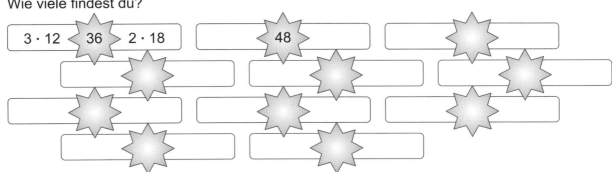

$3 \cdot 12$ 36 $2 \cdot 18$ 48

1 a)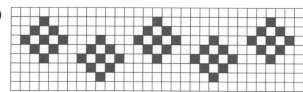

Wie viele dunkle Fliesen wurden verwendet?
(Gib auch an, wie du das Ergebnis ermittelt hast.)

9 · 5 = 45

Die Rechenart heißt Multiplikation.

b)

Anna möchte 15 Murmeln an ihre 5 besten Freundinnen verschenken.
Wie viele Murmeln bekommt jede Freundin?

15 M : 5 = 3 M

Die Rechenart heißt Division.

2 Großes Einmaleins und Umkehraufgaben. Du findest für jede Multiplikation die Probe. Überprüfe!

a) 6 · 17 =   102   6 · 18 =   108   b) 64 : 4 =   16   36 : 2 =   18

9 · 12 =   108   5 · 13 =   65   108 : 6 =   18   144 : 9 =   16

8 · 15 =   120   8 · 14 =   112   112 : 8 =   14   57 : 3 =   19

4 · 16 =   64   3 · 19 =   57   95 : 5 =   19   102 : 6 =   17

5 · 19 =   95   7 · 17 =   119   120 : 8 =   15   65 : 5 =   13

2 · 18 =   36   9 · 16 =   144   108 : 9 =   12   119 : 7 =   17

3 Berechne jeweils das Produkt oder den Quotienten im Kopf.

a) 36 ·   10 =   360   b) 59 ·   10 =   590   c) 128 ·   10 =   1 280

36 · 100 =   3 600   59 · 100 =   5 900   128 · 100 =   12 800

36 · 1000 =   36 000   59 · 1000 =   59 000   128 · 1000 =   128 000

d) 360 :   10 =   36   e) 760 :   10 =   76   f) 4 390 :   10 =   439

3 600 :   100 =   36   7 600 :   100 =   76   43 900 :   100 =   439

36 000 : 1000 =   36   76 000 : 1000 =   76   439 000 : 1000 =   439

g) 420 · 10 =   4200   h) 1 400 : 100 =   14   i) 6 600 · 10 =   66 000

9 000 : 100 =   90   250 · 100 =   25 000   140 000 : 1000 =   140

270 · 1000 =   270 000   76 000 : 10 =   7 600   19 · 1000 =   19 000

4 Martin hat das Einmaleins bis zur 20er-Reihe (1 · 1 bis 10 · 20) gelernt, weil er beim Dividieren großer Zahlen Zeit sparen möchte.
Er sagt, er muss sich nicht so viel merken, denn er fand dabei 11-mal zwei verschiedene Sätzchen, die dasselbe Ergebnis haben.
Wie viele findest du?

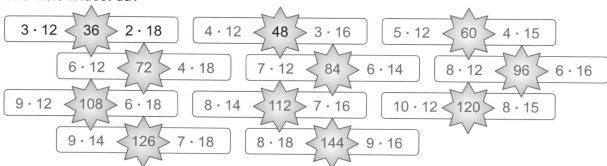

3 · 12 36 2 · 18   4 · 12 48 3 · 16   5 · 12 60 4 · 15

6 · 12 72 4 · 18   7 · 12 84 6 · 14   8 · 12 96 6 · 16

9 · 12 108 6 · 18   8 · 14 112 7 · 16   10 · 12 120 8 · 15

9 · 14 126 7 · 18   8 · 18 144 9 · 16

Ilse Mayer: Mathematik an Schwerpunkten produktiv üben · 5. Klasse · Best.-Nr. 709 · © Brigg Pädagogik Verlag GmbH, Augsburg

1  Jakob kauft drei 4er-Dosen Tennisbälle, Nina kauft vier 3er-Dosen. Berechne jeweils die Anzahl der Bälle.

Jakob: $3 \cdot 4 =$ _____

Nina: _____

▶ Der Wert des Produktes bleibt gleich, wenn man die Faktoren vertauscht.

Das Rechengesetz heißt _____

2  In einem Regal stehen 6 Kartons.
In jedem Karton sind 2 Reihen,
in jeder Reihe sind 5 Packungen.
Wie viele Packungen stehen in dem Regal?

Diese Aufgabe kann man auf mehrere Arten lösen:

❶ Zuerst die Anzahl der Packungen berechnen, die man von vorne sieht.

❷ Zuerst die Anzahl der Packungen berechnen, die in einem Karton sind.

_____

_____

_____

_____

A: _____

▶ Der Wert des Produktes bleibt gleich, wenn man Faktoren beliebig zu Teilprodukten verbindet.

Das Rechengesetz heißt _____

3 Rechne vorteilhaft. Wende das Kommutativgesetz und das Assoziativgesetz geschickt an.

a) $68 \cdot 5 \cdot 2 =$

b) $137 \cdot 5 \cdot 20 =$

c) $125 \cdot 8 \cdot 7 =$

d) $2 \cdot 19 \cdot 3 \cdot 5 =$

e) $25 \cdot 6 \cdot 4 \cdot 7 =$

f) $8 \cdot 5 \cdot 9 \cdot 20 =$

g) $357 \cdot 2 \cdot 500 =$

h) $40 \cdot 25 \cdot 844 =$

i) $80 \cdot 125 \cdot 912 =$

j) $88 \cdot 2 \cdot 50 \cdot 10 =$

k) $39 \cdot 200 \cdot 50 =$

l) $125 \cdot 4 \cdot 20 \cdot 5 =$

4 In einen Supermarkt werden 5 Paletten mit Mineralwasser geliefert.
Auf jeder Palette sind 32 Kisten, in jeder Kiste sind zwölf 1-Liter-Flaschen.
Wie viel Liter Mineralwasser wurden geliefert?

_____

A: _____

Ich kann mit dem Kommutativ- und mit dem Assoziativgesetz vorteil-haft rechnen.				

Ilse Mayer: Mathematik an Schwerpunkten produktiv üben · 5. Klasse · Best.-Nr. 709 · © Brigg Pädagogik Verlag GmbH, Augsburg

1  Jakob kauft drei 4er-Dosen Tennisbälle, Nina kauft vier 3er-Dosen.
Berechne jeweils die Anzahl der Bälle.

Jakob: $3 \cdot 4 =$ _12_

Nina: $4 \cdot 3 =$ _12_

▶ Der Wert des Produktes bleibt gleich, wenn man die Faktoren vertauscht.

Das Rechengesetz heißt _Vertauschungsgesetz oder Kommutativgesetz._

2  In einem Regal stehen 6 Kartons.
In jedem Karton sind 2 Reihen,
in jeder Reihe sind 5 Packungen.
Wie viele Packungen stehen in dem Regal?

Diese Aufgabe kann man auf mehrere Arten lösen:

I Zuerst die Anzahl der Packungen berechnen, die man von vorne sieht.

$6 \cdot 2 \cdot 5 =$

$= 12 \cdot 5 = 60$

II Zuerst die Anzahl der Packungen berechnen, die in einem Karton sind.

$6 \cdot (2 \cdot 5) =$

$= 6 \cdot 10 = 60$

A: _Im Regal stehen 60 Packungen._

▶ Der Wert des Produktes bleibt gleich, wenn man Faktoren beliebig zu Teilprodukten verbindet.

Das Rechengesetz heißt _Verbindungsgesetz oder Assoziativgesetz._

3 Rechne vorteilhaft. Wende das Kommutativgesetz und das Assoziativgesetz geschickt an.

a) $68 \cdot 5 \cdot 2 =$

$= 68 \cdot 10 = 680$

b) $137 \cdot 5 \cdot 20 =$

$= 137 \cdot 100 = 13\,700$

c) $125 \cdot 8 \cdot 7 =$

$= 1000 \cdot 7 = 7\,000$

d) $2 \cdot 19 \cdot 3 \cdot 5 =$

$= (2 \cdot 5) \cdot (19 \cdot 3) =$

$= 10 \cdot 57 = 570$

e) $25 \cdot 6 \cdot 4 \cdot 7 =$

$= (25 \cdot 4) \cdot (6 \cdot 7) =$

$= 100 \cdot 42 = 4\,200$

f) $8 \cdot 5 \cdot 9 \cdot 20 =$

$= (5 \cdot 20) \cdot (8 \cdot 9) =$

$= 100 \cdot 72 = 7\,200$

g) $357 \cdot 2 \cdot 500 =$

$= 357 \cdot 1000 = 357\,000$

h) $40 \cdot 25 \cdot 844 =$

$= 1000 \cdot 844 = 844\,000$

i) $80 \cdot 125 \cdot 912 =$

$= 10\,000 \cdot 912 = 9\,120\,000$

j) $88 \cdot 2 \cdot 50 \cdot 10 =$

$= 88 \cdot 1000 = 88\,000$

k) $39 \cdot 200 \cdot 50 =$

$= 39 \cdot 10\,000 = 390\,000$

l) $125 \cdot 4 \cdot 20 \cdot 5 =$

$= 500 \cdot 100 = 50\,000$

4 In einen Supermarkt werden 5 Paletten mit Mineralwasser geliefert.
Auf jeder Palette sind 32 Kisten, in jeder Kiste sind zwölf 1-Liter-Flaschen.
Wie viel Liter Mineralwasser wurden geliefert?

$5 \cdot 32 \cdot 12 =$

$= 5 \cdot 12 \cdot 32 = 60 \cdot 32 = 1\,920$

A: _1 920 Liter Mineralwasser wurden geliefert._

Ich kann mit dem Kommutativ- und mit dem Assoziativgesetz vorteilhaft rechnen.	😊😊	😊	😐	☹

Ilse Mayer: Mathematik an Schwerpunkten produktiv üben · 5. Klasse · Best.-Nr. 709 · © Brigg Pädagogik Verlag GmbH, Augsburg

1 Multipliziere vorteilhaft.

a) $13 \cdot 2 =$ _____

$130 \cdot 2 =$ _____

$130 \cdot 200 =$ _____

b) $11 \cdot 9 =$ _____

$1\,100 \cdot 9 =$ _____

$110 \cdot 9\,000 =$ _____

c) $12 \cdot 7 =$ _____

$12\,000 \cdot 7 =$ _____

$12 \cdot 7\,000 =$ _____

2 Multipliziere schriftlich.

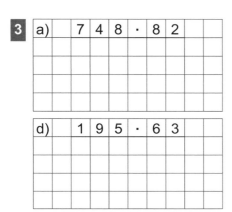

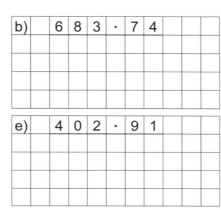

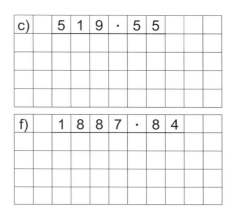

a) $527 \cdot 6$

b) $293 \cdot 8$

c) $657 \cdot 9$

d) $614 \cdot 40$

e) $834 \cdot 700$

f) $298 \cdot 6\,000$

g) $437 \cdot 50$

h) $308 \cdot 900$

i) $129 \cdot 2\,000$

3

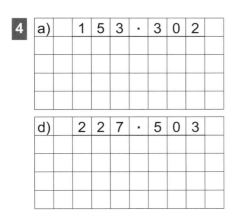

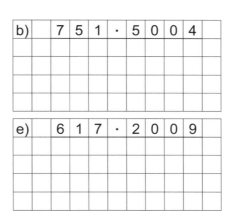

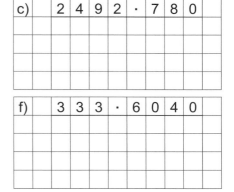

a) $748 \cdot 82$

b) $683 \cdot 74$

c) $519 \cdot 55$

d) $195 \cdot 63$

e) $402 \cdot 91$

f) $1\,887 \cdot 84$

4

a) $153 \cdot 302$

b) $751 \cdot 5\,004$

c) $2\,492 \cdot 780$

d) $227 \cdot 503$

e) $617 \cdot 2\,009$

f) $333 \cdot 6\,040$

5 Berechne die Produkte. Rechne auf einem Übungsblatt und trage hier die Ergebnisse ein.
Je zwei Aufgaben haben das gleiche Ergebnis. Verbinde diese mit einer geraden Linie.

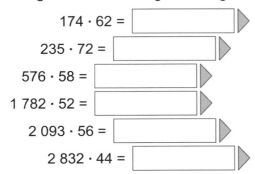

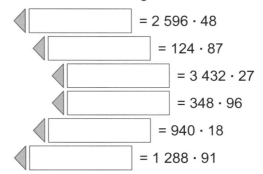

$174 \cdot 62 =$ ▷   ◁ $= 2\,596 \cdot 48$

$235 \cdot 72 =$ ▷   ◁ $= 124 \cdot 87$

$576 \cdot 58 =$ ▷   ◁ $= 3\,432 \cdot 27$

$1\,782 \cdot 52 =$ ▷   ◁ $= 348 \cdot 96$

$2\,093 \cdot 56 =$ ▷   ◁ $= 940 \cdot 18$

$2\,832 \cdot 44 =$ ▷   ◁ $= 1\,288 \cdot 91$

1 Multipliziere vorteilhaft.

a) $13 \cdot 2 = \underline{26}$

$130 \cdot 2 = \underline{260}$

$130 \cdot 200 = \underline{26\,000}$

b) $11 \cdot 9 = \underline{99}$

$1\,100 \cdot 9 = \underline{9\,900}$

$110 \cdot 9\,000 = \underline{990\,000}$

c) $12 \cdot 7 = \underline{84}$

$12\,000 \cdot 7 = \underline{84\,000}$

$12 \cdot 7\,000 = \underline{84\,000}$

2 Multipliziere schriftlich.

a) $527 \cdot 6$ → 3162

b) $293 \cdot 8$ → 2344

c) $657 \cdot 9$ → 5913

d) $614 \cdot 40$ → 24560

e) $834 \cdot 700$ → 583800

f) $298 \cdot 6000$ → 1788000

g) $437 \cdot 50$ → 21850

h) $308 \cdot 900$ → 277200

i) $129 \cdot 2000$ → 258000

3

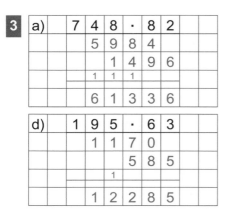

a) $748 \cdot 82$
5984
1496
61336

b) $683 \cdot 74$
4781
2732
50542

c) $519 \cdot 55$
2595
2595
28545

d) $195 \cdot 63$
1170
585
12285

e) $402 \cdot 91$
3618
402
36582

f) $1887 \cdot 84$
15096
7548
158508

4

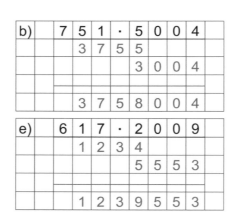

a) $153 \cdot 302$
459
306
46206

b) $751 \cdot 5004$
3755
3004
3758004

c) $2492 \cdot 780$
17444
199360
1943760

d) $227 \cdot 503$
1135
681
114181

e) $617 \cdot 2009$
1234
5553
1239553

f) $333 \cdot 6040$
1998
13320
2011320

5 Berechne die Produkte. Rechne auf einem Übungsblatt und trage hier die Ergebnisse ein. Je zwei Aufgaben haben das gleiche Ergebnis. Verbinde diese mit einer geraden Linie.

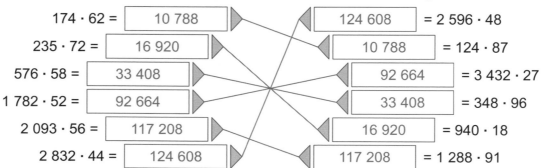

$174 \cdot 62 = \boxed{10\,788}$ $\boxed{124\,608} = 2\,596 \cdot 48$

$235 \cdot 72 = \boxed{16\,920}$ $\boxed{10\,788} = 124 \cdot 87$

$576 \cdot 58 = \boxed{33\,408}$ $\boxed{92\,664} = 3\,432 \cdot 27$

$1\,782 \cdot 52 = \boxed{92\,664}$ $\boxed{33\,408} = 348 \cdot 96$

$2\,093 \cdot 56 = \boxed{117\,208}$ $\boxed{16\,920} = 940 \cdot 18$

$2\,832 \cdot 44 = \boxed{124\,608}$ $\boxed{117\,208} = 1\,288 \cdot 91$

Ilse Mayer: Mathematik an Schwerpunkten produktiv üben · 5. Klasse · Best.-Nr. 709 · © Brigg Pädagogik Verlag GmbH, Augsburg

1 Dividiere vorteilhaft.

a) 3 5 0 : 7 0 = ...

6 3 0 0 : 9 0 0 = ...

3 2 0 0 0 : 8 0 = ...

5 4 0 0 0 : 6 0 0 = ...

b) 4 0 0 0 : 5 0 = ...

8 1 0 0 0 0 : 9 0 = ...

7 7 0 0 0 : 7 0 0 0 = ...

1 2 8 0 0 : 2 0 0 = ...

c) 2 8 0 0 0 : 4 0 0 = ...

2 4 0 0 0 0 : 3 0 0 = ...

5 5 0 0 : 1 1 0 = ...

3 6 0 0 0 : 1 2 0 0 = ...

2 Dividiere schriftlich.

a) 5 3 4 : 6 =

b) 2 4 5 : 7 =

c) 6 4 8 : 9 =

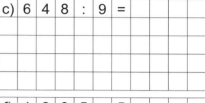

d) 1 3 8 4 : 8 =

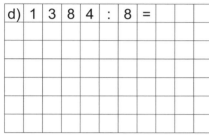

e) 1 1 7 6 : 4 =

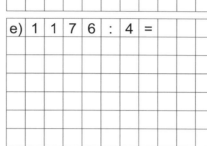

f) 1 8 0 5 : 5 =

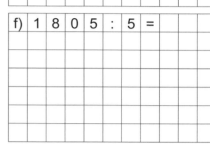

3 a) 3 2 6 1 7 : 1 3 =

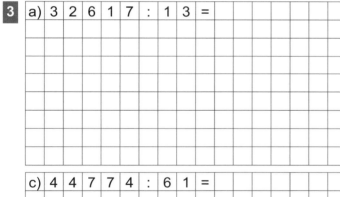

b) 7 4 4 3 0 : 1 8 =

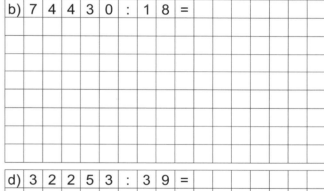

c) 4 4 7 7 4 : 6 1 =

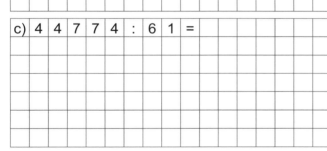

d) 3 2 2 5 3 : 3 9 =

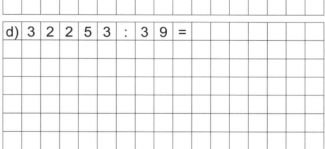

4 Berechne die Quotienten. Rechne auf einem Übungsblatt und trage hier die Ergebnisse ein.
Je zwei Aufgaben haben das gleiche Ergebnis. Verbinde diese mit einer geraden Linie.

43 344 : 72 = [   ] ▷   ◁ [   ] = 168 480 : 72

1 121 : 19 = [   ] ▷   ◁ [   ] = 76 704 : 48

14 994 : 63 = [   ] ▷   ◁ [   ] = 35 076 : 79

112 320 : 48 = [   ] ▷   ◁ [   ] = 19 866 : 33

35 964 : 81 = [   ] ▷   ◁ [   ] = 21 658 : 91

27 166 : 17 = [   ] ▷   ◁ [   ] = 944 : 16

1 Dividiere vorteilhaft.

a) $35\cancel{0} : 7\cancel{0} = 5$

   $6\,30\cancel{0} : 90\cancel{0} = 7$

   $32\,00\cancel{0} : 8\cancel{0} = 400$

   $54\,00\cancel{0} : 60\cancel{0} = 90$

b) $4\,00\cancel{0} : 5\cancel{0} = 80$

   $810\,00\cancel{0} : 9\cancel{0} = 9\,000$

   $77\,\cancel{0}\cancel{0}\cancel{0} : 7\,\cancel{0}\cancel{0}\cancel{0} = 11$

   $12\,80\cancel{0} : 20\cancel{0} = 64$

c) $28\,00\cancel{0} : 40\cancel{0} = 70$

   $240\,00\cancel{0} : 30\cancel{0} = 800$

   $5\,50\cancel{0} : 11\cancel{0} = 50$

   $36\,00\cancel{0} : 1\,20\cancel{0} = 30$

2 Dividiere schriftlich.

a)
```
5 3 4 : 6 = 8 9
-4 8
  5 4
 -5 4
    0
```

b)
```
2 4 5 : 7 = 3 5
-2 1
  3 5
 -3 5
    0
```

c)
```
6 4 8 : 9 = 7 2
-6 3
  1 8
 -1 8
    0
```

d)
```
1 3 8 4 : 8 = 1 7 3
-8
 5 8
-5 6
  2 4
 -2 4
    0
```

e)
```
1 1 7 6 : 4 = 2 9 4
-8
 3 7
-3 6
  1 6
 -1 6
    0
```

f)
```
1 8 0 5 : 5 = 3 6 1
-1 5
  3 0
 -3 0
    0 5
     -5
      0
```

3

a)
```
3 2 6 1 7 : 1 3 = 2 5 0 9
-2 6
  6 6
 -6 5
    1 1 7
   -1 1 7
      0 0
```

b)
```
7 4 4 3 0 : 1 8 = 4 1 3 5
-7 2
  2 4
 -1 8
    6 3
   -5 4
      9 0
     -9 0
        0
```

c)
```
4 4 7 7 4 : 6 1 = 7 3 4
-4 2 7
  2 0 7
 -1 8 3
    2 4 4
   -2 4 4
      0 0
```

d)
```
3 2 2 5 3 : 3 9 = 8 2 7
-3 1 2
  1 0 5
   -7 8
    2 7 3
   -2 7 3
      0 0
```

4 Berechne die Quotienten. Rechne auf einem Übungsblatt und trage hier die Ergebnisse ein.
Je zwei Aufgaben haben das gleiche Ergebnis. Verbinde diese mit einer geraden Linie.

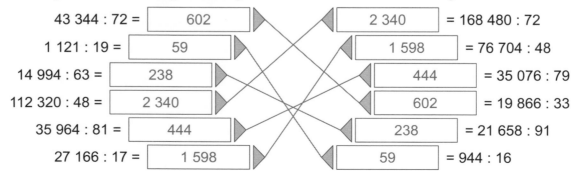

43 344 : 72 =	602	2 340 = 168 480 : 72
1 121 : 19 =	59	1 598 = 76 704 : 48
14 994 : 63 =	238	444 = 35 076 : 79
112 320 : 48 =	2 340	602 = 19 866 : 33
35 964 : 81 =	444	238 = 21 658 : 91
27 166 : 17 =	1 598	59 = 944 : 16

Ilse Mayer: Mathematik an Schwerpunkten produktiv üben · 5. Klasse · Best.-Nr. 709 · © Brigg Pädagogik Verlag GmbH, Augsburg

1 Berechne jeweils die fehlende Zahl im Kopf. Kontrolliere dann, ob du richtig gerechnet hast.

a) 4 · 7 = ☐   b) 6 · 8 = ☐   c) 56 : 8 = ☐   d) 75 : 3 = ☐

11 · ☐ = 99   7 · ☐ = 28   81 : ☐ = 9   60 : ☐ = 6

☐ · 8 = 64   ☐ · 5 = 40   ☐ : 12 = 8   ☐ : 9 = 4

2 Multiplikationen, Divisionen. Ergänze die fehlenden Zahlen sowie Rechenanweisungen.

a) 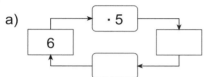   b) 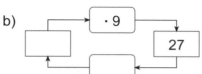   c)

d) 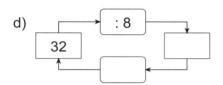   e) 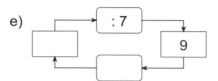   f)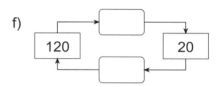

3 Berechne und kontrolliere mit Hilfe der Umkehraufgabe (= Probe).

a) 56 · 3 = _____   b) 97 · 8 = _____   c) 124 : 4 = _____   d) 295 : 5 = _____

P: _____   P: _____   P: _____   P: _____

4 Vervollständige die Multiplikationstabelle.

a)

·	6	8	9	7
8	48			
7				
9				
6				

b)

·	3	7	6	8
				32
	6			
		30		
	63			

c)

·	2		4	
3				21
	16	40		
			24	
		25		

5 Ergänze die fehlenden Ziffern. Vergiss nicht, danach deine Rechnung zu überprüfen.

a) ☐ 2 9 · 6 3
  7 ☐☐
  ☐☐☐
  ☐☐☐☐

b) 5 ☐ 9 · 5 ☐
  ☐☐ 9 ☐
  ☐☐☐ 5
  ☐☐☐☐☐

c) 7 4 ☐ · ☐ 2
  ☐☐ 8 4
  ☐ 4 9 6
  ☐☐☐☐☐

6

a) Ergänze die fehlenden Zahlen.

	·	8	=	
·		·		·
9	·		=	63
=		=		=
45	·		=	

b) Ergänze die fehlenden Rechenzeichen.

5	2	4	=	40
17	55	18	=	90
200	4	30	=	20
7	8	24	=	80
350	5	7	=	10

1 Berechne jeweils die fehlende Zahl im Kopf. Kontrolliere dann, ob du richtig gerechnet hast.

a) $4 \cdot 7 = \boxed{28}$ b) $6 \cdot 8 = \boxed{48}$ c) $56 : 8 = \boxed{7}$ d) $75 : 3 = \boxed{25}$

$11 \cdot \boxed{9} = 99$ $7 \cdot \boxed{4} = 28$ $81 : \boxed{9} = 9$ $60 : \boxed{10} = 6$

$\boxed{8} \cdot 8 = 64$ $\boxed{8} \cdot 5 = 40$ $\boxed{96} : 12 = 8$ $\boxed{36} : 9 = 4$

2 Multiplikationen, Divisionen. Ergänze die fehlenden Zahlen sowie Rechenanweisungen.

a) 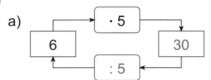   b) 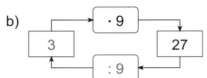   c)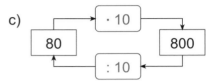

d) 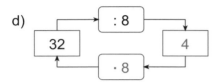   e) 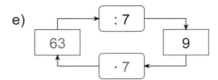   f)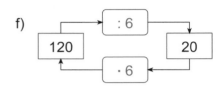

3 Berechne und kontrolliere mit Hilfe der Umkehraufgabe (= Probe).

a) $56 \cdot 3 = \underline{168}$ b) $97 \cdot 8 = \underline{776}$ c) $124 : 4 = \underline{31}$ d) $295 : 5 = \underline{59}$

P: $\underline{168 : 3 = 56}$ P: $\underline{776 : 8 = 97}$ P: $\underline{31 \cdot 4 = 124}$ P: $\underline{59 \cdot 5 = 295}$

4 Vervollständige die Multiplikationstabelle.

a)

·	6	8	9	7
8	48	64	72	56
7	42	56	63	49
9	54	72	81	63
6	36	48	54	42

b)

·	3	7	6	8
4	12	28	24	32
2	6	14	12	16
5	15	35	30	40
9	27	63	54	72

c)

·	2	5	4	7
3	6	15	12	21
8	16	40	32	56
6	12	30	24	42
5	10	25	20	35

5 Ergänze die fehlenden Ziffern. Vergiss nicht, danach deine Rechnung zu überprüfen.

a)
```
  1 2 9 · 6 3
      7 7 4
      3 8 7
    8 1 2 7
```

b)
```
  5 1 9 · 5 5
    2 5 9 5
    2 5 9 5
  2 8 5 4 5
```

c)
```
  7 4 8 · 8 2
    5 9 8 4
    1 4 9 6
  6 1 3 3 6
```

6 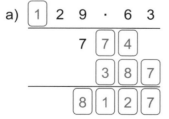 a) Ergänze die fehlenden Zahlen.   b) Ergänze die fehlenden Rechenzeichen.

5	·	8	=	40
·		·		·
9	·	7	=	63
=		=		=
45	·	56	=	2 520

5	·	2	·	4	=	40
17	+	55	+	18	=	90
200	:	4	−	30	=	20
7	·	8	+	24	=	80
350	:	5	:	7	=	10

 Ilse Mayer: Mathematik an Schwerpunkten produktiv üben · 5. Klasse · Best.-Nr. 709 · © Brigg Pädagogik Verlag GmbH, Augsburg

1 Welche der beiden Fragen kannst du beantworten? Kreuze an.
Schreibe den Rechengang an. (Rechne im Kopf oder auf einem Notizblatt.)

a) Ein Bio-Bauer liefert an einen Kunden
8 Kisten mit je 45 kg Birnen.

☐ Wie viel kg Birnen liefert der Bio-Bauer?

☐ Wie viel bezahlt der Kunde?

A: ....

b) Ein Lkw transportiert 6 Maschinen zu
je 782 kg.

☐ Wie schwer ist der leere Lkw?

☐ Wie viel Kilogramm hat der Lkw geladen?

A: ....

c) 1 500 Eier werden in Kartons zu je 6 Stück
verpackt.

☐ Wie viele Eier sind zerbrochen?

☐ Wie viele Kartons werden voll?

A: ....

d) Aus einem Fass werden 3 250 Liter Wein in
2-Liter-Flaschen abgefüllt.

☐ Wie viele Flaschen werden gefüllt?

☐ Wie viel Liter Wein bleiben noch im Fass?

A: ....

2 a) Thomas joggt pro Woche rund 35 km.
Wie viele Kilometer durchschnittlich sind das
an einem Tag, in vier Wochen, in einem Jahr?
(1 Jahr ≈ 52 Wochen.)

A: ....
....
....

b) Felix trainiert für einen Schwimm-
wettkampf. Er schwimmt in einem
25-m-Becken 1 650 m.
Wie viele Längen sind das?

A: ....
....
....

3 a) Das Herz eines Kindes schlägt in der Minute
ca. 80-mal.
Etwa wie oft schlägt es an einem Tag?

A: ....
....

b) Das Herz eines Erwachsenen pumpt in der
Minute rund 6 Liter Blut durch den Körper.
Ungefähr wie viele Liter sind das pro Tag?

A: ....
....

Der Puls (= Anzahl der Herzschläge in einer Minute) ist bei Menschen unterschiedlich. Er ist in Ruhe
viel geringer als bei Belastung, bei Kindern höher als bei Erwachsenen.

Zähle deinen Puls am Morgen, wenn du aufwachst, und beim Sport, unmittelbar nachdem du dich
sehr angestrengt hast. Durch ausreichende Bewegung kannst du die Pumpleistung deines Herzens
verbessern und damit den Puls senken.

(Ein Elefant hat einen Puls von rund 26 und eine Maus von rund 400.)

Ich lese Texte sehr sorgfältig und beantworte die Rechenfragen.	☺☺	☺	😐	☹

1 Welche der beiden Fragen kannst du beantworten? Kreuze an.
Schreibe den Rechengang an. (Rechne im Kopf oder auf einem Notizblatt.)

a) Ein Bio-Bauer liefert an einen Kunden
8 Kisten mit je 45 kg Birnen.

☒ Wie viel kg Birnen liefert der Bio-Bauer?

☐ Wie viel bezahlt der Kunde?

45 kg · 8 = 360 kg

A: Ein Bio-Bauer liefert 360 kg Birnen.

b) Ein Lkw transportiert 6 Maschinen zu
je 782 kg.

☐ Wie schwer ist der leere Lkw?

☒ Wie viel Kilogramm hat der Lkw geladen?

782 kg · 6 = 4 692 kg

A: Ein Lkw hat 4 692 kg geladen.

c) 1 500 Eier werden in Kartons zu je 6 Stück
verpackt.

☐ Wie viele Eier sind zerbrochen?

☒ Wie viele Kartons werden voll?

1 500 : 6 = 250

A: 250 Kartons werden voll.

d) Aus einem Fass werden 3 250 Liter Wein in
2-Liter-Flaschen abgefüllt.

☒ Wie viele Flaschen werden gefüllt?

☐ Wie viel Liter Wein bleiben noch im Fass?

3 250 : 2 = 1 625

A: 1 625 Flaschen werden gefüllt.

2 a) Thomas joggt pro Woche rund 35 km.
Wie viele Kilometer durchschnittlich sind das
an einem Tag, in vier Wochen, in einem Jahr?
(1 Jahr ≈ 52 Wochen.)

3	5	:	7	=	5			3	5	·	5	2
								1	7	5		
3	5	·	4							7	0	
1	4	0							1			
								1	8	2	0	

A: Thomas joggt an einem Tag

durchschnittlich 5 km, in vier Wochen

140 km und in einem Jahr 1 820 km.

b) Felix trainiert für einen Schwimm-
wettkampf. Er schwimmt in einem
25-m-Becken 1 650 m.
Wie viele Längen sind das?

1	6	5	0	:	2	5	=	6	6
−	1	5	0						
	1	5	0						
−	1	5	0						
	0	0							

A: Felix schwimmt 66 Längen.

3 a) Das Herz eines Kindes schlägt in der Minute
ca. 80-mal.
Etwa wie oft schlägt es an einem Tag?

8	0	·	6	0		4	8	0	0	·	2	4
4	8	0	0				9	6	0	0		
						1	9	2	0	0		
							1					
						1	1	5	2	0	0	

A: Das Herz eines Kindes schlägt an einem

Tag etwa 115 200-mal.

b) Das Herz eines Erwachsenen pumpt in der
Minute rund 6 Liter Blut durch den Körper.
Ungefähr wie viele Liter sind das pro Tag?

6	0	·	6		3	6	0	·	2	4
3	6	0				7	2	0		
					1	4	4	0		
						8	6	4	0	

A: Das Herz pumpt an einem Tag ungefähr

8 640 Liter Blut durch den Körper.

Der Puls (= Anzahl der Herzschläge in einer Minute) ist bei Menschen unterschiedlich. Er ist in Ruhe
viel geringer als bei Belastung, bei Kindern höher als bei Erwachsenen.

Zähle deinen Puls am Morgen, wenn du aufwachst, und beim Sport, unmittelbar nachdem du dich
sehr angestrengt hast. Durch ausreichende Bewegung kannst du die Pumpleistung deines Herzens
verbessern und damit den Puls senken.

(Ein Elefant hat einen Puls von rund 26 und eine Maus von rund 400.)

Ich lese Texte sehr sorgfältig und beantworte die Rechenfragen.

Ilse Mayer: Mathematik an Schwerpunkten produktiv üben · 5. Klasse · Best.-Nr. 709 · © Brigg Pädagogik Verlag GmbH, Augsburg

Kommen in einem Rechenausdruck (Term) mehrere Rechenoperationen vor, so gilt:

- Klammerrechnung zuerst
- Punkt-vor-Strich-Regel

1 Beachte die Punkt-vor-Strich-Regel.

a) $5 \cdot 8 + 7 \cdot 9$

b) $3 \cdot 6 - 40 : 8$

c) $7 \cdot 8 + 54 : 6$

d) $4 + 3 \cdot 8 + 5$

e) $60 - 8 \cdot 2 + 15$

f) $54 - 8 : 8 - 15$

g) $5 \cdot 3 + 8 \cdot 2 + 4 \cdot 6$

h) $7 \cdot 4 + 9 \cdot 5 - 27$

i) $38 - 8 : 2 + 11 \cdot 4$

2 Überlege die Reihenfolge, arbeite schrittweise und schreibe die Rechnung immer vollständig an.

a) $(6 + 8) \cdot (4 + 3)$

b) $(13 + 7) \cdot (15 - 6)$

c) $(11 + 1) : (10 - 8)$

d) $(5 + 3) \cdot 7 - 40$

e) $(26 - 5) : 3 + 12$

f) $20 \cdot (9 - 4) - 7$

g) $(5 + 6) \cdot 4 + 3 \cdot 6$

h) $9 \cdot 6 - 5 \cdot (9 - 4)$

i) $(9 - 5) \cdot (6 + 3) : 2$

3 Achtung, hier fehlen Klammern!
Ergänze sie so, dass das Ergebnis stimmt. (Schreibe die gesamte Rechnung an und berechne.)

a) $80 : 10 : 2 = 16$ b) $30 - 12 - 8 = 26$ c) $10 + 9 \cdot 3 = 57$ d) $40 : 5 + 3 = 5$

4 Die Vorrangregeln gelten auch innerhalb einer Klammer!
▶ Die Klammer darf erst weggelassen werden, wenn der ganze Klammerausdruck berechnet ist.

a) $(5 + 6 \cdot 2) \cdot 3$

b) $7 \cdot (23 - 20 : 5)$

c) $44 : (15 : 3 + 6)$

5 Verwende die vier gegebenen Zahlen und setze Rechenzeichen und Klammern so ein, dass das Ergebnis 28 ist. Die Reihenfolge der Zahlen darfst du vertauschen.

a) 1, 2, 3, 4   b) 2, 3, 4, 5   c) 3, 4, 5, 6

Ilse Mayer: Mathematik an Schwerpunkten produktiv üben · 5. Klasse · Best.-Nr. 709 · © Brigg Pädagogik Verlag GmbH, Augsburg

Kommen in einem Rechenausdruck (Term) mehrere Rechenoperationen vor, so gilt:

- Klammerrechnung zuerst
- Punkt-vor-Strich-Regel

1 Beachte die Punkt-vor-Strich-Regel.

a) $5 \cdot 8 + 7 \cdot 9$

= 40 + 63 = 103

b) $3 \cdot 6 - 40 : 8$

= 18 – 5 = 13

c) $7 \cdot 8 + 54 : 6$

= 56 + 9 = 65

d) $4 + 3 \cdot 8 + 5$

= 4 + 24 + 5 = 33

e) $60 - 8 \cdot 2 + 15$

= 60 – 16 + 15 = 59

f) $54 - 8 : 8 - 15$

= 54 – 1 – 15 = 38

g) $5 \cdot 3 + 8 \cdot 2 + 4 \cdot 6$

= 15 + 16 + 24 = 55

h) $7 \cdot 4 + 9 \cdot 5 - 27$

= 28 + 45 – 27 = 46

i) $38 - 8 : 2 + 11 \cdot 4$

= 38 – 4 + 44 = 78

2 Überlege die Reihenfolge, arbeite schrittweise und schreibe die Rechnung immer vollständig an.

a) $(6 + 8) \cdot (4 + 3)$

= 14 · 7 = 98

b) $(13 + 7) \cdot (15 - 6)$

20 · 9 = 180

c) $(11 + 1) : (10 - 8)$

12 : 2 = 6

d) $(5 + 3) \cdot 7 - 40$

= 8 · 7 – 40

= 56 – 40 = 16

e) $(26 - 5) : 3 + 12$

= 21 : 3 + 12

= 7 + 12 = 19

f) $20 \cdot (9 - 4) - 7$

= 20 · 5 – 7

= 100 – 7 = 93

g) $(5 + 6) \cdot 4 + 3 \cdot 6$

= 11 · 4 + 18

= 44 + 18 = 62

h) $9 \cdot 6 - 5 \cdot (9 - 4)$

= 54 – 5 · 5

= 54 – 25 = 29

i) $(9 - 5) \cdot (6 + 3) : 2$

= 4 · 9 : 2

= 36 : 2 = 18

3 Achtung, hier fehlen Klammern!
Ergänze sie so, dass das Ergebnis stimmt. (Schreibe die gesamte Rechnung an und berechne.)

a) $80 : 10 : 2 = 16$

80 : (10 : 2)

= 80 : 5 = 16

b) $30 - 12 - 8 = 26$

30 – (12 – 8)

= 30 – 4 = 26

c) $10 + 9 \cdot 3 = 57$

(10 + 9) · 3

= 19 · 3 = 57

d) $40 : 5 + 3 = 5$

40 : (5 + 3)

= 40 : 8 = 5

4 Die Vorrangregeln gelten auch innerhalb einer Klammer!
▶ Die Klammer darf erst weggelassen werden, wenn der ganze Klammerausdruck berechnet ist.

a) $(5 + 6 \cdot 2) \cdot 3$

= (5 + 12) · 3

= 17 · 3 = 51

b) $7 \cdot (23 - 20 : 5)$

= 7 · (23 – 4)

= 7 · 19 = 133

c) $44 : (15 : 3 + 6)$

= 44 : (5 + 6)

= 44 : 11 = 4

5

Verwende die vier gegebenen Zahlen und setze Rechenzeichen und Klammern so ein, dass das Ergebnis 28 ist. Die Reihenfolge der Zahlen darfst du vertauschen.

a) 1, 2, 3, 4

$(1 + 2 \cdot 3) \cdot 4 = 28$

b) 2, 3, 4, 5

$(2 \cdot 5 - 3) \cdot 4 = 28$

c) 3, 4, 5, 6

$(6 : 3 + 5) \cdot 4 = 28$

Ilse Mayer: Mathematik an Schwerpunkten produktiv üben · 5. Klasse · Best.-Nr. 709 · © Brigg Pädagogik Verlag GmbH, Augsburg

1 Ergänze die fehlenden Begriffe und Rechenzeichen.

Addition		Multiplikation	
$+$	Differenz		Quotient

2 Schreibe den Rechenweg als Term an und rechne dann aus. Summen sowie Differenzen klammere ein.

a) Subtrahiere von 83 die Summe aus 54 und 6.

b) Addiere zu 20 die Differenz aus 119 und 24.

c) Dividiere das Produkt aus 15 und 8 durch 6.

d) Multipliziere den Quotienten aus 75 und 5 mit 8.

e) Multipliziere die Differenz aus 72 und 47 mit 7.

f) Dividiere die Summe aus 41 und 27 durch 4.

g) Subtrahiere von der Zahl 299 das Produkt aus 17 und 7.

h) Addiere zur Zahl 255 den Quotienten aus 92 und 4.

3 Ordne jedem Text die passende Rechnung zu: Schreibe A, B, C ... in das Kästchen neben der entsprechenden Textzeile.

A	$(18 \cdot 6):(18-6)$	1) Multipliziere die Summe der Zahlen 54 und 18 mit 6. ....
B	$54 \cdot 18 + 6$	2) Subtrahiere von 54 den Quotienten aus 18 und 6. ....
C	$54 - 18:6$	3) Addiere zum Produkt der Zahlen 54 und 18 die Zahl 6. ....
D	$(54-18):6$	4) Multipliziere die Summe der Zahlen 54 und 18 mit ihrer Differenz. ....
E	$54:6 + 54 \cdot 6$	5) Addiere zum Quotienten der Zahlen 54 und 6 deren Produkt. ....
F	$(54+18) \cdot (54-18)$	6) Dividiere das Produkt der Zahlen 18 und 6 durch ihre Differenz. ....
G	$(54+18) \cdot 6$	7) Dividiere die Differenz der Zahlen 54 und 18 durch 6. ....

4 Schreibe den ganzen Rechenausdruck an und rechne dann aus. Achte auf Klammern.

a) Multipliziere die Summe aus 30 und 19 mit der Differenz dieser Zahlen.

b) Dividiere das Produkt aus 18 und 3 durch den Quotienten dieser Zahlen.

c) Subtrahiere vom Produkt aus 36 und 25 die Differenz aus 65 und 15.

d) Addiere zur Differenz der Zahlen 127 und 72 die Summe der Zahlen 84 und 99.

1 Ergänze die fehlenden Begriffe und Rechenzeichen.

Addition	Subtraktion	Multiplikation	Division
+	**−**	**·**	**:**
Summe	Differenz	Produkt	Quotient

2 Schreibe den Rechenweg als Term an und rechne dann aus. Summen sowie Differenzen klammere ein.

a) Subtrahiere von 83 die Summe aus 54 und 6.

$83 - (54 + 6)$

$= 83 - \quad 60 \quad = 23$

b) Addiere zu 20 die Differenz aus 119 und 24.

$20 + (119 - 24)$

$= 20 + \quad 95 \quad = 115$

c) Dividiere das Produkt aus 15 und 8 durch 6.

$15 \cdot 8 : 6$

$= \quad 120 : 6 = 20$

d) Multipliziere den Quotienten aus 75 und 5 mit 8.

$75 : 5 \cdot 8$

$= \quad 15 \quad \cdot 8 = 120$

e) Multipliziere die Differenz aus 72 und 47 mit 7.

$(72 - 47) \cdot 7$

$= \quad 25 \quad \cdot 7 = 175$

f) Dividiere die Summe aus 41 und 27 durch 4.

$(41 + 27) : 4$

$= \quad 68 \quad : 4 = 17$

g) Subtrahiere von der Zahl 299 das Produkt aus 17 und 7.

$299 - 17 \cdot 7$

$= 299 - \quad 119 \quad = 180$

h) Addiere zur Zahl 255 den Quotienten aus 92 und 4.

$255 + 92 : 4$

$= 255 + \quad 23 \quad = 278$

3 Ordne jedem Text die passende Rechnung zu: Schreibe A, B, C ... in das Kästchen neben der entsprechenden Textzeile.

A $(18 \cdot 6) : (18 - 6)$	1) Multipliziere die Summe der Zahlen 54 und 18 mit 6.	G
B $54 \cdot 18 + 6$	2) Subtrahiere von 54 den Quotienten aus 18 und 6.	C
C $54 - 18 : 6$	3) Addiere zum Produkt der Zahlen 54 und 18 die Zahl 6.	B
D $(54 - 18) : 6$	4) Multipliziere die Summe der Zahlen 54 und 18 mit ihrer Differenz.	F
E $54 : 6 + 54 \cdot 6$	5) Addiere zum Quotienten der Zahlen 54 und 6 deren Produkt.	E
F $(54 + 18) \cdot (54 - 18)$	6) Dividiere das Produkt der Zahlen 18 und 6 durch ihre Differenz.	A
G $(54 + 18) \cdot 6$	7) Dividiere die Differenz der Zahlen 54 und 18 durch 6.	D

4 Schreibe den ganzen Rechenausdruck an und rechne dann aus. Achte auf Klammern.

a) Multipliziere die Summe aus 30 und 19 mit der Differenz dieser Zahlen.

$(30 + 19) \cdot (30 - 19)$

$= \quad 49 \quad \cdot \quad 11 \quad = 539$

b) Dividiere das Produkt aus 18 und 3 durch den Quotienten dieser Zahlen.

$18 \cdot 3 : (18 : 3)$

$= \quad 54 : \quad 6 \quad = 9$

c) Subtrahiere vom Produkt aus 36 und 25 die Differenz aus 65 und 15.

$36 \cdot 25 - (65 - 15)$

$= \quad 900 - \quad 50 \quad = 850$

d) Addiere zur Differenz der Zahlen 127 und 72 die Summe der Zahlen 84 und 99.

$(127 - 72) + (84 + 99)$

$= \quad 55 \quad + \quad 183 \quad = 238$

Ilse Mayer: Mathematik an Schwerpunkten produktiv üben · 5. Klasse · Best.-Nr. 709 · © Brigg Pädagogik Verlag GmbH, Augsburg

1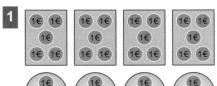

Sonja kauft 4 Taschenbücher zu je 5 € und 4 CDs zu je 3 €.
Wie viel Euro bezahlt sie?

Diese Aufgabe kann man auf mehrere Arten lösen:

I Zuerst die Preise eines Taschenbuches und einer CD addieren.
Die Summe mit 4 multiplizieren.

II Den Preis der 4 Taschenbücher berechnen, den Preis der 4 CDs berechnen.
Die Teilsummen addieren.

A:

2 Luca kauft 6 Buntstifte zu je 50 ct und 6 Hefte zu je 80 ct.
Berechne den Gesamtpreis auf zwei Arten. (Schreibe jeweils den gesamten Rechenweg an.)

A:

3 Rechne auf zwei Arten. (Wende das Distributivgesetz an.)

a) $7 \cdot (6 + 3)$

$7 \cdot 6 + 7 \cdot 3$

b) $2 \cdot (3 + 7)$

c) $9 \cdot (8 - 5)$

d) $(20 + 5) \cdot 4$

e) $(30 + 4) \cdot 6$

f) $(60 - 1) \cdot 8$

 Das Distributivgesetz lautet: $a \cdot (b + c) = a \cdot b + a \cdot c$
Die beiden Seiten darf man auch umgekehrt lesen: $a \cdot b + a \cdot c = a \cdot (b + c)$
Man sagt: Einen gemeinsamen Faktor darf man ausklammern.

4 Rechne auf zwei Arten und vergleiche. (Wende das Distributivgesetz in umgekehrter Richtung an.)

a) $3 \cdot 27 + 3 \cdot 13$

$3 \cdot (27 + 13)$

b) $8 \cdot 58 + 8 \cdot 30$

c) $29 \cdot 5 - 9 \cdot 5$

1

Sonja kauft 4 Taschenbücher zu je 5 € und 4 CDs zu je 3 €.
Wie viel Euro bezahlt sie?

Diese Aufgabe kann man auf mehrere Arten lösen:

I Zuerst die Preise eines Taschenbuches und einer CD addieren.
Die Summe mit 4 multiplizieren.

$(5 + 3) \cdot 4$

$= \quad 8 \quad \cdot 4 = 32$

A: Sonja bezahlt 32 €.

II Den Preis der 4 Taschenbücher berechnen, den Preis der 4 CDs berechnen.
Die Teilsummen addieren.

$5 \cdot 4 + 3 \cdot 4$

$= \quad 20 + 12 \quad = 32$

2 Luca kauft 6 Buntstifte zu je 50 ct und 6 Hefte zu je 80 ct.
Berechne den Gesamtpreis auf zwei Arten. (Schreibe jeweils den gesamten Rechenweg an.)

$(50 + 80) \cdot 6$

$= \quad 130 \quad \cdot 6 = 780$

A: Martin bezahlt 7 € 80 ct.

$50 \cdot 6 + 80 \cdot 6$

$= \quad 300 + 480 \quad = 780$

3 Rechne auf zwei Arten. (Wende das Distributivgesetz an.)

a) $7 \cdot (6 + 3)$

$= 7 \cdot \quad 9 \quad = 63$

$7 \cdot 6 + 7 \cdot 3$

$= \quad 42 + 21 \quad = 63$

b) $2 \cdot (3 + 7)$

$= 2 \cdot \quad 10 \quad = 20$

$2 \cdot 3 + 2 \cdot 7$

$= \quad 6 + 14 \quad = 20$

c) $9 \cdot (8 - 5)$

$= 9 \cdot \quad 3 \quad = 27$

$9 \cdot 8 - 9 \cdot 5$

$= \quad 72 - 45 \quad = 27$

d) $(20 + 5) \cdot 4$

$= \quad 25 \quad \cdot 4 = 100$

$20 \cdot 4 + 5 \cdot 4$

$= \quad 80 + 20 \quad = 100$

e) $(30 + 4) \cdot 6$

$= \quad 34 \quad \cdot 6 = 204$

$30 \cdot 6 + 4 \cdot 6$

$= \quad 180 + 24 \quad = 204$

f) $(60 - 1) \cdot 8$

$= \quad 59 \quad \cdot 8 = 472$

$60 \cdot 8 - 1 \cdot 8$

$= \quad 480 - 8 \quad = 472$

Das Distributivgesetz lautet: $a \cdot (b + c) = a \cdot b + a \cdot c$
Die beiden Seiten darf man auch umgekehrt lesen: $a \cdot b + a \cdot c = a \cdot (b + c)$
Man sagt: Einen gemeinsamen Faktor darf man ausklammern.

4 Rechne auf zwei Arten und vergleiche. (Wende das Distributivgesetz in umgekehrter Richtung an.)

a) $3 \cdot 27 + 3 \cdot 13$

$= \quad 81 + 39 \quad = 120$

$3 \cdot (27 + 13)$

$= 3 \cdot \quad 40 \quad = 120$

b) $8 \cdot 58 + 8 \cdot 30$

$= \quad 464 + 240 \quad = 704$

$8 \cdot (58 + 30)$

$= 8 \cdot \quad 88 \quad = 704$

c) $29 \cdot 5 - 9 \cdot 5$

$= \quad 145 - 45 \quad = 100$

$(29 - 9) \cdot 5$

$= \quad 20 \quad \cdot 5 = 100$

Ilse Mayer: Mathematik an Schwerpunkten produktiv üben · 5. Klasse · Best.-Nr. 709 · © Brigg Pädagogik Verlag GmbH, Augsburg

1 Manege frei! Der Zirkus kommt!

a) Frau und Herr Köfler besuchen mit ihren drei Kindern an einem Montag die Vorstellung.

Gesamtpreis: _____

b) Herr Berger besucht mit drei Kindern an einem Samstag die Vorstellung.

Gesamtpreis: _____

c) Sara beobachtet, wie für Zirkuskarten ein Betrag von 75 € bezahlt wird. Sie überlegt, welche Karten gekauft wurden. Findest du eine Lösung, oder sogar mehrere?

_____

Erwachsene ...... 15 €

Kinder .... 10 €

Jeder MONTAG ist FAMILIENTAG,
Erwachsene zahlen die Kinderpreise!

2 Für eine Theateraufführung der Schule werden 175 Erwachsenenkarten zu je 8 € und 62 Kinderkarten zu je 3 € verkauft.

Wie viel Euro sind die Gesamteinnahmen?

_____

A: _____

3 Gernot kauft drei Flaschen Mineralwasser zu je 49 ct, Birnen zu 75 ct und zwei Tafeln Schokolade zu je 85 ct. Er bezahlt mit 5 €.

Wie viel bekommt er zurück?

_____

A: _____

4 Lukas hat 30 € in seiner Sparbüchse. Er gibt 12 € für CDs aus. Zum Geburtstag bekommt er von seiner Tante 15 € und von seinem Großvater 20 €. Für eine Kinokarte bezahlt er 6 € und für Eis 4 €.

Wie viel Euro besitzt Lukas noch?

_____

A: _____

5 In einem Bücherregal stehen 6 Bände eines Lexikons, geordnet von Band 1 bis zu Band 6. Jeder Band enthält 100 Blätter.

Ein Bücherwurm frisst sich nun von Blatt 1 des sechsten Bandes bis Blatt 100 des ersten Bandes durch. Er benötigt pro Blatt eine Minute und pro Buchdeckel drei Minuten.

Im Band 4 findet er einen interessanten Artikel über Papiererzeugung, in den er sich zehn Minuten lang vertieft.

Nach wie vielen Minuten ist der Bücherwurm am Ziel?

A: _____

1 Manege frei! Der Zirkus kommt!

Erwachsene ...... 15 €
Kinder .... 10 €
Jeder MONTAG ist FAMILIENTAG,
Erwachsene zahlen die Kinderpreise!

a) Frau und Herr Köfler besuchen mit ihren drei Kindern an einem Montag die Vorstellung.

Gesamtpreis: 10 € · 5 = 50 €

b) Herr Berger besucht mit drei Kindern an einem Samstag die Vorstellung.

Gesamtpreis: 15 € + 10 € · 3 = 15 € + 30 € = 45 €

c) Sara beobachtet, wie für Zirkuskarten ein Betrag von 75 € bezahlt wird. Sie überlegt, welche Karten gekauft wurden. Findest du eine Lösung, oder sogar mehrere?

5 E oder 3 E + 3 K oder 1 E + 6 K

2 Für eine Theateraufführung der Schule werden 175 Erwachsenenkarten zu je 8 € und 62 Kinderkarten zu je 3 € verkauft.
Wie viel Euro sind die Gesamteinnahmen?

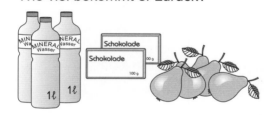

175 · 8 € + 62 · 3 €

= 1 400 € + 186 € = 1 586 €

A: Die Gesamteinnahmen betragen 1 586 €.

3 Gernot kauft drei Flaschen Mineralwasser zu je 49 ct, Birnen zu 75 ct und zwei Tafeln Schokolade zu je 85 ct. Er bezahlt mit 5 €.
Wie viel bekommt er zurück?

500 ct − (3 · 49 ct + 75 ct + 2 · 85 ct)

= 500 ct − (147 ct + 75 ct + 170 ct)

= 500 ct − 392 ct = 108 ct

A: Gernot bekommt 1 € 8 ct zurück.

4 Lukas hat 30 € in seiner Sparbüchse. Er gibt 12 € für CDs aus. Zum Geburtstag bekommt er von seiner Tante 15 € und von seinem Großvater 20 €. Für eine Kinokarte bezahlt er 6 € und für Eis 4 €.
Wie viel Euro besitzt Lukas noch?

30 € − 12 € + 15 € + 20 € − 6 € − 4 €

= (30 € + 15 € + 20 €) − (12 € + 6 € + 4 €)

= 65 € − 22 € = 43 €

A: Lukas besitzt noch 43 €.

5

In einem Bücherregal stehen 6 Bände eines Lexikons, geordnet von Band 1 bis zu Band 6. Jeder Band enthält 100 Blätter.

Ein Bücherwurm frisst sich nun von Blatt 1 des sechsten Bandes bis Blatt 100 des ersten Bandes durch. Er benötigt pro Blatt eine Minute und pro Buchdeckel drei Minuten.

Im Band 4 findet er einen interessanten Artikel über Papiererzeugung, in den er sich zehn Minuten lang vertieft.

Nach wie vielen Minuten ist der Bücherwurm am Ziel?

600 + 30 + 10 = 640

A: Der Bücherwurm benötigt 640 Minuten.

Ilse Mayer: Mathematik an Schwerpunkten produktiv üben · 5. Klasse · Best.-Nr. 709 · © Brigg Pädagogik Verlag GmbH, Augsburg

1 m	=	10 dm	→	1 dm	= 0,1 m
1 m	=	100 cm	→	1 cm	= 0,01 m
1 m	=	1000 mm	→	1 mm	= 0,001 m

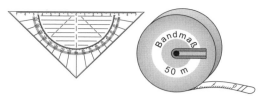

1 Armin, Beate und Christa wollten ermitteln, wer von ihnen am besten schätzen kann.
Die Kinder schätzten zuerst die Längen einiger Gegenstände. Dann wurden diese abgemessen.
Die Werte wurden jeweils in eine Tabelle eingetragen.

Gegenstand	Tür (Höhe)	Bleistift (Länge)	Buch (Dicke)	Klasse (Breite)
Armin	1,50 m	17 cm	5,1 cm	10 m
Beate	1,80 m	16 cm	3,5 cm	5 m
Christa	2,10 m	20 cm	4 cm	8,85 m
gemessen	2 m	17,5 cm	4,5 cm	6,95 m

a) Um wie viel Zentimeter hat sich Armin bei der Höhe der Tür verschätzt?

b) Um wie viel Zentimeter hat sich Beate bei der Höhe der Tür verschätzt?

c) Um wie viel Zentimeter hat sich Christa bei der Höhe der Tür verschätzt?

d) Wer hat die Höhe der Tür am besten geschätzt?

e) Wer hat die Länge des Bleistifts am besten geschätzt?

f) Wer hat die Länge des Bleistifts am schlechtesten geschätzt?

g) Um wie viel Millimeter hat sich Armin bei der Dicke des Buchs verschätzt?

h) Um wie viel Meter hat sich Beate bei der Breite der Klasse verschätzt?

i) Wer von den drei Kindern hat am besten geschätzt?

Bildet eine Gruppe und ermittelt, wer von euch am besten schätzen kann.
Wählt einige Gegenstände, zeichnet eine Tabelle ...

2 Schätze zuerst und miss dann die Längen der Strecken. Vergleiche danach mit deiner Schätzung.
Gib die Längen auf mehrere Arten an: gemischte Einheiten – mm – cm – dm – m.

a

b

c

d

a = _____ = _____ = _____ = _____

b = _____ = _____ = _____ = _____

c = _____ = _____ = _____ = _____

d = _____ = _____ = _____ = _____

3 Längenmaße. Verwandle mit Hilfe der Umrechnungstabelle.

km	100 m •	10 m •	m	dm	cm	mm	m	gemischte Einheiten	mm
			1	4	8	2			
							3,56 m		
								42 m 6 dm	
									79 mm

1 m =   10 dm   →   1 dm = 0,1 m
1 m =   100 cm   →   1 cm = 0,01 m
1 m = 1000 mm   →   1 mm = 0,001 m

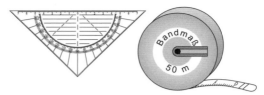

1 Armin, Beate und Christa wollten ermitteln, wer von ihnen am besten schätzen kann.
Die Kinder schätzten zuerst die Längen einiger Gegenstände. Dann wurden diese abgemessen.
Die Werte wurden jeweils in eine Tabelle eingetragen.

Gegenstand	Tür (Höhe)	Bleistift (Länge)	Buch (Dicke)	Klasse (Breite)
Armin	1,50 m	17 cm ✕	5,1 cm	10 m
Beate	1,80 m	16 cm	3,5 cm	5 m
Christa	2,10 m ✕	20 cm	4 cm ✕	8,85 m ✕
gemessen	2 m	17,5 cm	4,5 cm	6,95 m

a) Um wie viel Zentimeter hat sich Armin bei der Höhe der Tür verschätzt?

50 cm

b) Um wie viel Zentimeter hat sich Beate bei der Höhe der Tür verschätzt?

20 cm

c) Um wie viel Zentimeter hat sich Christa bei der Höhe der Tür verschätzt?

10 cm

d) Wer hat die Höhe der Tür am besten geschätzt?

Christa

e) Wer hat die Länge des Bleistifts am besten geschätzt?

Armin

f) Wer hat die Länge des Bleistifts am schlechtesten geschätzt?

Christa

g) Um wie viel Millimeter hat sich Armin bei der Dicke des Buchs verschätzt?

6 mm

h) Um wie viel Meter hat sich Beate bei der Breite der Klasse verschätzt?

1,95 m

i) Wer von den drei Kindern hat am besten geschätzt?

Christa

Bildet eine Gruppe und ermittelt, wer von euch am besten schätzen kann.
Wählt einige Gegenstände, zeichnet eine Tabelle ...

2 Schätze zuerst und miss dann die Längen der Strecken. Vergleiche danach mit deiner Schätzung.
Gib die Längen auf mehrere Arten an: gemischte Einheiten – mm – cm – dm – m.

a
b
c
d

a = 5 cm 4 mm = 54 mm = 5,4 cm = 0,54 dm = 0,054 m

b = 7 cm 9 mm = 79 mm = 7,9 cm = 0,79 dm = 0,079 m

c = 1 dm 0 cm 2 mm = 102 mm = 10,2 cm = 1,02 dm = 0,102 m

d = 1 cm 5 mm = 15 mm = 1,5 cm = 0,15 dm = 0,015 m

3 Längenmaße. Verwandle mit Hilfe der Umrechnungstabelle.

km	100 m •	10 m •	m	dm	cm	mm	m	gemischte Einheiten				mm
			1	4	8	2	1,482 m	1 m	4 dm	8 cm	2 mm	1 482 mm
				3	5	6	3,56 m		3 m	5 dm	6 cm	3 560 mm
		4	2	6			42,6 m			42 m	6 dm	42 600 mm
					7	9	0,079 m			7 cm	9 mm	79 mm

Ilse Mayer: Mathematik an Schwerpunkten produktiv üben · 5. Klasse · Best.-Nr. 709 · © Brigg Pädagogik Verlag GmbH, Augsburg

1

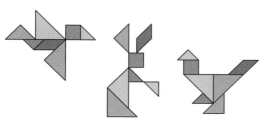

Tangram ist ein Legespiel.

Es besteht aus sieben Teilen (Tans), die sich zu einem Quadrat (und zu vielen anderen Figuren) zusammenfügen lassen.

Werden Figuren gelegt, verwendet man alle Teile des Spiels – sie sollen einander berühren, aber nicht übereinanderliegen.

Auf dem Plan sind alle Längen verkleinert dargestellt.

Der Plan ist im Maßstab 1 : 3 gezeichnet.

In Wirklichkeit sind alle Längen 3-mal so lang.

a) Zeichne zuerst mit sehr dünnen Hilfslinien den Raster (parallele und zueinander senkrecht stehende Linien).

Danach zeichne mit etwas festeren Linien die Figuren.

b) Konstruiere auf einem dünnen Karton ein Tangram und schneide die Teile sorgfältig aus.

Lege die oben abgebildeten Figuren nach oder erfinde eigene Figuren.

2 Miss im Plan die Breite und die Höhe ab und berechne dann die Abmessungen in Wirklichkeit.

a) Garage
Maßstab 1 : 100

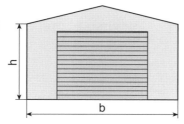

b) Schreibtisch
Maßstab 1 : 50

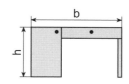

	Plan	· 100 → Wirklichkeit	
	1 mm	100 mm	
b			
h			

	Plan	· 50 → Wirklichkeit	
b			
h			

Bei Landkarten und Plänen sind oft Maßstableisten gezeichnet. Daraus kann man ablesen, wie lang eine auf dem Plan verkleinert (vergrößert) gezeichnete Strecke in Wirklichkeit ist.

3 Berechne mit Hilfe der Maßstableiste, wie lang die dick gezeichnete Strecke in Wirklichkeit ist. Sucht dann im Atlas eine Landkarte, die in diesem Maßstab gezeichnet ist. Ermittelt die Entfernung von Städten.

a) Maßstab 1 : 50 000

0   3 km

....

b) Maßstab 1 : 200 000

0   10 km

....

c) Maßstab 1 : 1 500 000

0   75 km

....

d) Maßstab 1 : 20 000 000

0   1 000 km

....

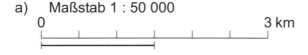

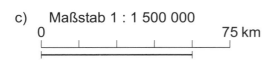

1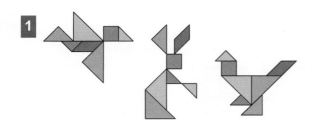

Tangram ist ein Legespiel.

Es besteht aus sieben Teilen (Tans), die sich zu einem Quadrat (und zu vielen anderen Figuren) zusammenfügen lassen.

Werden Figuren gelegt, verwendet man alle Teile des Spiels – sie sollen einander berühren, aber nicht übereinanderliegen.

Auf dem Plan sind alle Längen verkleinert dargestellt.

Der Plan ist im Maßstab 1 : 3 gezeichnet.

In Wirklichkeit sind alle Längen 3-mal so lang.

a) Zeichne zuerst mit sehr dünnen Hilfslinien den Raster (parallele und zueinander senkrecht stehende Linien).

Danach zeichne mit etwas festeren Linien die Figuren.

b) Konstruiere auf einem dünnen Karton ein Tangram und schneide die Teile sorgfältig aus.

Lege die oben abgebildeten Figuren nach oder erfinde eigene Figuren.

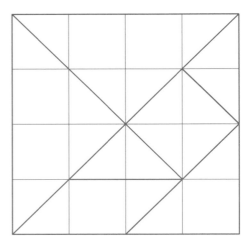

2 Miss im Plan die Breite und die Höhe ab und berechne dann die Abmessungen in Wirklichkeit.

a) Garage
Maßstab 1 : 100

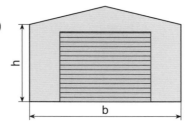

b) Schreibtisch
Maßstab 1 : 50

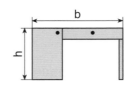

Plan	· 100	Wirklichkeit
1 mm	100 mm	
b	40 mm	40 mm · 100 = 4 000 mm = 4 m
h	21 mm	21 mm · 100 = 2 100 mm = 2,1 m

Plan	· 50	Wirklichkeit
1 mm	50 mm	
b	24 mm	24 mm · 50 = 1 200 mm = 120 cm
h	14 mm	14 mm · 50 = 700 mm = 70 cm

Bei Landkarten und Plänen sind oft Maßstableisten gezeichnet. Daraus kann man ablesen, wie lang eine auf dem Plan verkleinert (vergrößert) gezeichnete Strecke in Wirklichkeit ist.

3 Berechne mit Hilfe der Maßstableiste, wie lang die dick gezeichnete Strecke in Wirklichkeit ist. Sucht dann im Atlas eine Landkarte, die in diesem Maßstab gezeichnet ist. Ermittelt die Entfernung von Städten.

a) Maßstab 1 : 50 000

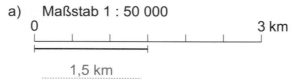

b) Maßstab 1 : 200 000

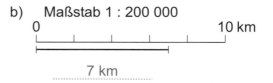

c) Maßstab 1 : 1 500 000

d) Maßstab 1 : 20 000 000

Ilse Mayer: Mathematik an Schwerpunkten produktiv üben · 5. Klasse · Best.-Nr. 709 · © Brigg Pädagogik Verlag GmbH, Augsburg

1 Bestimme den Umfang (Längeneinheit: LE).

a) 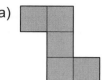   b)   c)   d)   e)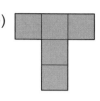

u = _____   u = _____   u = _____   u = _____   u = _____

2 Die Figuren sind auf Millimeterpapier gezeichnet. Berechne ihren Umfang.

a) 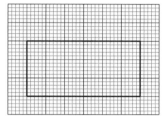   b) 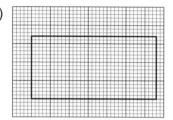   c)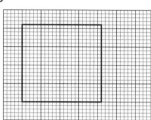

Rechteck: a = 30 mm

b = 15 mm

$u_R = 2 \cdot a + 2 \cdot b$

$u_R = 2 \cdot (a + b)$

$u_Q = 4 \cdot a$

3 Berechne den Umfang folgender Rechtecke.
Rechne im Kopf oder schriftlich auf einem Notizblatt und trage die Ergebnisse in die Tabelle ein.
Achte auf die Einheiten.

Länge a	5 cm	10 cm	75 cm	9 dm	3,5 m	33 cm	6 km
Breite b	4 cm	8 cm	13 cm	7 cm	4 cm	33 cm	9 m
Umfang u							

4

a) Martin sagt: „Ich habe ein Rechteck mit dem Umfang u = 10 cm gezeichnet. Wenn ich ein gleich breites, aber doppelt so langes Rechteck zeichne, dann ist sein Umfang u = 18 cm."
Martina sagt, das stimmt nicht, der Umfang wäre nur u = 16 cm.

Wer hat recht? _____   Kannst du deine Entscheidung begründen?

b) Streichholzprobleme.

(1) Wenn du zwei Streichhölzer umlegst, kannst du fünf gleiche Quadrate erzeugen.

(2) Wenn du zwei Streichhölzer wegnimmst, kannst du zwei Quadrate erzeugen.

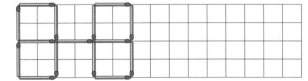   

1 Bestimme den Umfang (Längeneinheit: LE).

a)

b)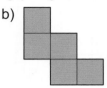

c)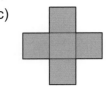

d)

e)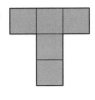

u = __12 LE__   u = __12 LE__   u = __12 LE__   u = __10 LE__   u = __12 LE__

2 Die Figuren sind auf Millimeterpapier gezeichnet. Berechne ihren Umfang.

a)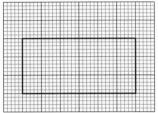

b)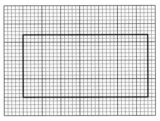

c)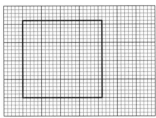

Rechteck: a = 30 mm

b = 15 mm

$u_R = 2 \cdot a + 2 \cdot b$

$u_R = 2 \cdot 30\ mm + 2 \cdot 15\ mm$

$u_R = 60\ mm \quad + 30\ mm$

$u_R = 90\ mm = 9\ cm$

Rechteck: a = 33 mm

b = 17 mm

$u_R = 2 \cdot (a + b)$

$u_R = 2 \cdot (33\ mm + 17\ mm)$

$u_R = 2 \cdot 50\ mm$

$u_R = 100\ mm = 10\ cm$

Quadrat: a = 21 mm

$u_Q = 4 \cdot a$

$u_Q = 4 \cdot 21\ mm$

$u_Q = 84\ mm = 8,4\ cm$

3 Berechne den Umfang folgender Rechtecke.
Rechne im Kopf oder schriftlich auf einem Notizblatt und trage die Ergebnisse in die Tabelle ein.
Achte auf die Einheiten.

Länge a	5 cm	10 cm	75 cm	9 dm	3,5 m	33 cm	6 km
Breite b	4 cm	8 cm	13 cm	7 cm	4 cm	33 cm	9 m
Umfang u	18 cm	36 cm	176 cm	194 cm	708 cm	132 cm	12 018 m

4

a) Martin sagt: „Ich habe ein Rechteck mit dem Umfang u = 10 cm gezeichnet. Wenn ich ein gleich breites, aber doppelt so langes Rechteck zeichne, dann ist sein Umfang u = 18 cm."
Martina sagt, das stimmt nicht, der Umfang wäre nur u = 16 cm.

Wer hat recht? __Beide.__   Kannst du deine Entscheidung begründen?

Martin: $a_1 = 4\ cm,\ b_1 = 1\ cm \rightarrow u = 10\ cm;$ $a_2 = 8\ cm,\ b_2 = 1\ cm \rightarrow u = 18\ cm$

Martina: $a_1 = 3\ cm,\ b_1 = 2\ cm \rightarrow u = 10\ cm;$ $a_2 = 6\ cm,\ b_2 = 2\ cm \rightarrow u = 16\ cm$

b) Streichholzprobleme.

(1) Wenn du zwei Streichhölzer umlegst, kannst du fünf gleiche Quadrate erzeugen.

(2) Wenn du zwei Streichhölzer wegnimmst, kannst du zwei Quadrate erzeugen.

 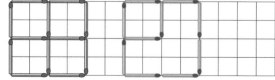

Ilse Mayer: Mathematik an Schwerpunkten produktiv üben · 5. Klasse · Best.-Nr. 709 · © Brigg Pädagogik Verlag GmbH, Augsburg

1 Bestimme durch Abzählen der Einheitsquadrate den Flächeninhalt.

a)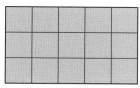

A = ... ·

b)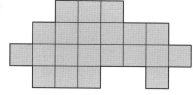

A = ... ·

c)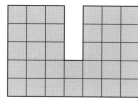

A = ... ·

2 Bestimme den Flächeninhalt. (Flächeneinheit ist ein Karokästchen K^2.)

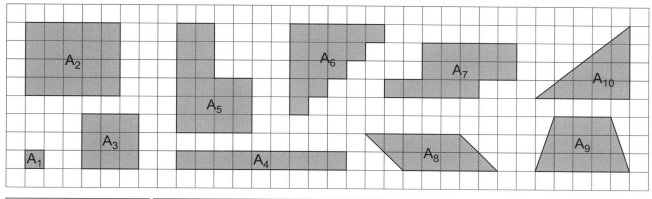

	A_1	A_2	A_3	A_4	A_5	A_6	A_7	A_8	A_9	A_{10}
Flächeninhalt in K^2										

 Ein Quadratzentimeter (1 cm^2) ist der Flächeninhalt eines Quadrats mit 1 cm Seitenlänge.

 → 1 mm^2

1 cm^2 ←

Ein Quadratmillimeter (1 mm^2) ist der Flächeninhalt eines Quadrats mit 1 mm Seitenlänge.

3 Bestimme den Flächeninhalt in mm^2 und in gemischten Einheiten.

a)

A = ...

A = ...

b)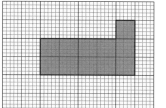

A = ...

A = ...

c)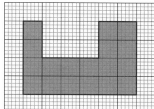

A = ...

A = ...

d)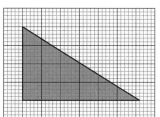

A = ...

A = ...

e)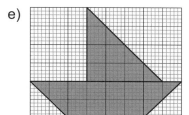

A = ...

A = ...

f)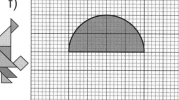

A ≈ ....

A ≈ ....

Ilse Mayer: Mathematik an Schwerpunkten produktiv üben · 5. Klasse · Best.-Nr. 709 · © Brigg Pädagogik Verlag GmbH, Augsburg

1 Bestimme durch Abzählen der Einheitsquadrate den Flächeninhalt.

a)
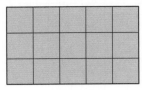

A = _15_ · ⬜

b)
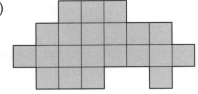

A = _21_ · ⬜

c)
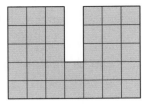

A = _32_ · ⬜

2 Bestimme den Flächeninhalt. (Flächeneinheit ist ein Karokästchen K^2.)

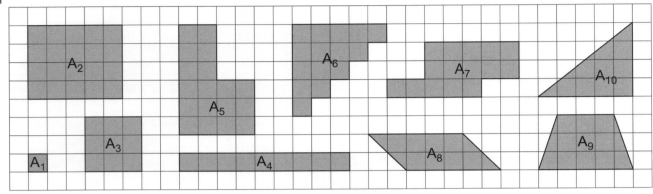

	A_1	A_2	A_3	A_4	A_5	A_6	A_7	A_8	A_9	A_{10}
Flächeninhalt in K^2	1	20	9	9	18	15	15	10	12	10

Ein Quadratzentimeter (1 cm^2) ist der Flächeninhalt eines Quadrats mit 1 cm Seitenlänge.

1 cm^2 ← ⬜ → 1 mm^2

Ein Quadratmillimeter (1 mm^2) ist der Flächeninhalt eines Quadrats mit 1 mm Seitenlänge.

3 Bestimme den Flächeninhalt in mm^2 und in gemischten Einheiten.

a)
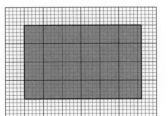

A = _620 mm^2_

A = _6 cm^2 20 mm^2_

b)
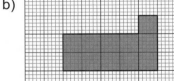

A = _275 mm^2_

A = _2 cm^2 75 mm^2_

c)
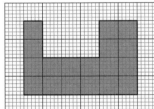

A = _450 mm^2_

A = _4 cm^2 50 mm^2_

d)
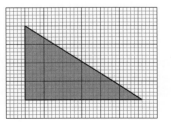

A = _310 mm^2_

A = _3 cm^2 10 mm^2_

e)
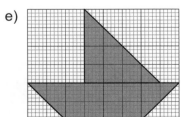

A = _500 mm^2_

A = _5 cm^2_

f)

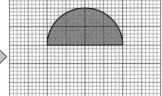

A ≈ _157 mm^2_

A ≈ _1 cm^2 57 mm^2_

Flächenmaße

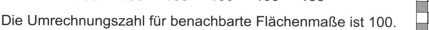

km² ha a m² dm² cm² mm²
100   100   100   100   100   100

Die Umrechnungszahl für benachbarte Flächenmaße ist 100.

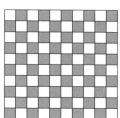

1 Flächenmaße. Verwandle mit Hilfe der Tabelle.

10 m² •	m²	10 dm² •	dm²	10 cm² •	cm²	10 mm² •	mm²	gemischte Einheiten	größte vor-kommende Einheit	kleinste vor-kommende Einheit
			1	9	5					
					8	0	2			
								3 m² 50 dm²		
								14 m² 3 dm²		
									20,25 dm²	
										51 328 mm²

2 Welcher Flächeninhalt kann zutreffen? Kreuze an.

a) Garten
- 128 m²
- 128 dm²
- 128 cm²
- 128 mm²

b) Großstadt
- 305 m²
- 305 a
- 305 ha
- 305 km²

c) A4-Blatt
- 6,24 mm²
- 6,24 cm²
- 6,24 dm²
- 6,24 m²

d) 1-€-Münze
- 4,25 mm²
- 4,25 cm²
- 4,25 dm²
- 4,25 m²

e) Schultafel
- 4 mm²
- 4 cm²
- 4 dm²
- 4 m²

3 Große Flächenmaße. Verwandle mit Hilfe der Tabelle.

10 km² •	km²	10 ha •	ha	10 a •	a	10 m² •	m²	gemischte Einheiten	größte vor-kommende Einheit	kleinste vor-kommende Einheit
			3	1	7					
								28 a 70 m²		
									8,06 ha	
										54 450 a
	4	3	0							
									20,66 a	

4
a) Ein Klassenraum ist rund 63 m² groß. Um wie viel Quadratmeter ist dieser kleiner als ein Ar?

b) Verwandle den Flächeninhalt eines 7 140 m² großen Fußballfeldes in Ar und dann in Hektar.

c) Ein Golfplatz ist rund 70 ha groß. Wie viele rund 7 000 m² große Fußballfelder ergeben denselben Flächeninhalt?

d) Der Englische Garten in München ist mit 4,17 km² die größte Parkanlage Deutschlands. Verwandle die Größe schrittweise in Quadratmeter.

Ich kann Maßeinheiten für Flächeninhalte verwandeln und die Größe von Flächen schätzen.				

Ilse Mayer: Mathematik an Schwerpunkten produktiv üben · 5. Klasse · Best.-Nr. 709 · © Brigg Pädagogik Verlag GmbH, Augsburg

Flächenmaße

km² ha a m² dm² cm² mm²

100 100 100 100 100 100

Die Umrechnungszahl für benachbarte Flächenmaße ist 100.

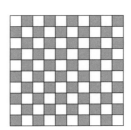

1 Flächenmaße. Verwandle mit Hilfe der Tabelle.

10 m² •	m²	10 dm² •	dm²	10 cm² •	cm²	10 mm² •	mm²	gemischte Einheiten	größte vor-kommende Einheit	kleinste vor-kommende Einheit
			1	9	5			1 dm² 95 cm²	1,95 dm²	195 cm²
				8	0	2		8 cm² 2 mm²	8,02 cm²	802 mm²
	3	5	0					3 m² 50 dm²	3,5 m²	350 dm²
1	4	0	3					14 m² 3 dm²	14,03 m²	1 403 dm²
	2	0	2	5				20 dm² 25 cm²	20,25 dm²	2 025 cm²
		5	1	3	2	8		5 dm² 13 cm² 28 mm²	5,1328 dm²	51 328 mm²

2 Welcher Flächeninhalt kann zutreffen? Kreuze an.

a) Garten

☒ 128 m²
☐ 128 dm²
☐ 128 cm²
☐ 128 mm²

b) Großstadt

☐ 305 m²
☐ 305 a
☐ 305 ha
☒ 305 km²

c) A4-Blatt

☐ 6,24 mm²
☐ 6,24 cm²
☒ 6,24 dm²
☐ 6,24 m²

d) 1-€-Münze

☐ 4,25 mm²
☒ 4,25 cm²
☐ 4,25 dm²
☐ 4,25 m²

e) Schultafel

☐ 4 mm²
☐ 4 cm²
☐ 4 dm²
☒ 4 m²

3 Große Flächenmaße. Verwandle mit Hilfe der Tabelle.

10 km² •	km²	10 ha •	ha	10 a •	a	10 m² •	m²	gemischte Einheiten	größte vor-kommende Einheit	kleinste vor-kommende Einheit
			3	1	7			3 ha 17 a	3,17 ha	317 a
				2	8	7	0	28 a 70 m²	28,7 a	2 870 m²
			8	0	6			8 ha 6 a	8,06 ha	806 a
	5	4	4	5	0			5 km² 44 ha 50 a	5,445 km²	54 450 a
	4	3	0					4 km² 30 ha	4,3 km²	430 ha
				2	0	6	6	20 a 66 m²	20,66 a	2 066 m²

4 a) Ein Klassenraum ist rund 63 m² groß. Um wie viel Quadratmeter ist dieser kleiner als ein Ar?

100 m² – 63 m² = 37 m²

b) Verwandle den Flächeninhalt eines 7 140 m² großen Fußballfeldes in Ar und dann in Hektar.

7 140 m² = 71,40 a = 0,7140 ha

c) Ein Golfplatz ist rund 70 ha groß. Wie viele rund 7 000 m² große Fußballfelder ergeben denselben Flächeninhalt?

700 000 m² : 7 000 m² = 100

d) Der Englische Garten in München ist mit 4,17 km² die größte Parkanlage Deutschlands. Verwandle die Größe schrittweise in Quadratmeter.

4,17 km² = 417 ha = 41 700 a = 4 170 000 m²

Ich kann Maßeinheiten für Flächeninhalte verwandeln und die Größe von Flächen schätzen.

Ilse Mayer: Mathematik an Schwerpunkten produktiv üben · 5. Klasse · Best.-Nr. 709 · © Brigg Pädagogik Verlag GmbH, Augsburg

1 Berechne den Flächeninhalt.

a)

Rechteck: a = 4 cm

b = 3 cm

$A_R = a \cdot b$

b)

Rechteck: a = 50 mm

c)

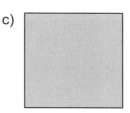

2 Berechne den Flächeninhalt folgender Rechtecke.
Rechne im Kopf oder schriftlich auf einem Notizblatt und trage die Ergebnisse in die Tabelle ein.

Länge a	15 cm	50 cm	5 dm	9 m	33 m	12 m
Breite b	8 cm	19 cm	30 dm	7 m	1 m	12 m
Flächeninhalt A						

3 Kreuze das Kästchen für die richtige Lösung an.

a) Auf der Terrasse werden quadratische Steinplatten verlegt. Die Seitenlänge einer
Steinplatte ist a = 50 cm. Wie viele Steinplatten braucht man für 1 m²?

A 4   B 8   C 2   D Das kann man nicht berechnen.

b) Im Bad werden quadratische Fliesen verlegt. Die Seitenlänge ist einer Fliese ist a = 25 cm.
Wie viele Fliesen braucht man für 1 m²?

A 4   B 100   C 16   D Das kann man nicht berechnen.

4 Gegeben ist das Rechteck R. Zeichne zwei Rechtecke R₁ und R₂, die doppelt so groß sind wie R.

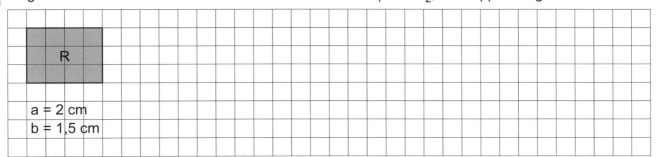

a = 2 cm
b = 1,5 cm

5 Zeichnet je eine Figur vergrößert auf Karopapier, unterteilt sie entsprechend der
Abbildung, bemalt die Teile mit verschiedenen Farben und schneidet sie aus.
Versucht, aus den Teilen ein Quadrat zu legen.

a)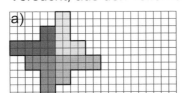

b)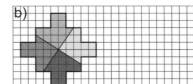

c)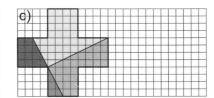

1 Berechne den Flächeninhalt.

a)

Rechteck: a = 4 cm

b = 3 cm

$A_R = a \cdot b$

$A_R = 4 \text{ cm} \cdot 3 \text{ cm}$

$A_R = 12 \text{ cm}^2$

b)

Rechteck: a = 50 mm

b = 15 mm

$A_R = a \cdot b$

$A_R = 50 \text{ mm} \cdot 15 \text{ mm}$

$A_R = 750 \text{ mm}^2$

c)

Quadrat: a = 26 mm

$A_Q = a \cdot a$

$A_Q = 26 \text{ mm} \cdot 26 \text{ mm}$

$A_Q = 676 \text{ mm}^2$

2 Berechne den Flächeninhalt folgender Rechtecke.
Rechne im Kopf oder schriftlich auf einem Notizblatt und trage die Ergebnisse in die Tabelle ein.

Länge a	15 cm	50 cm	5 dm	9 m	33 m	12 m
Breite b	8 cm	19 cm	30 dm	7 m	1 m	12 m
Flächeninhalt A	120 cm^2	950 cm^2	150 dm^2	63 m^2	33 m^2	144 m^2

3 Kreuze das Kästchen für die richtige Lösung an.

a) Auf der Terrasse werden quadratische Steinplatten verlegt. Die Seitenlänge einer Steinplatte ist a = 50 cm. Wie viele Steinplatten braucht man für 1 m^2?

☒ A 4   ☐ B 8   ☐ C 2   ☐ D Das kann man nicht berechnen.

b) Im Bad werden quadratische Fliesen verlegt. Die Seitenlänge ist einer Fliese ist a = 25 cm. Wie viele Fliesen braucht man für 1 m^2?

☐ A 4   ☐ B 100   ☒ C 16   ☐ D Das kann man nicht berechnen.

4 Gegeben ist das Rechteck R. Zeichne zwei Rechtecke R_1 und R_2, die doppelt so groß sind wie R.

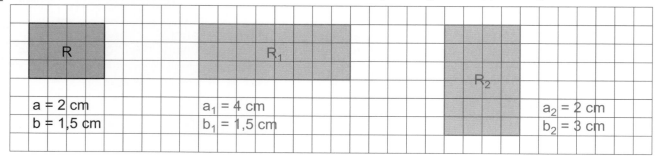

a = 2 cm
b = 1,5 cm

$a_1 = 4 \text{ cm}$
$b_1 = 1,5 \text{ cm}$

$a_2 = 2 \text{ cm}$
$b_2 = 3 \text{ cm}$

5 Zeichnet je eine Figur vergrößert auf Karopapier, unterteilt sie entsprechend der Abbildung, bemalt die Teile mit verschiedenen Farben und schneidet sie aus.
Versucht, aus den Teilen ein Quadrat zu legen.

a)
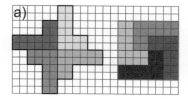

b)
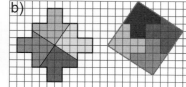

c)
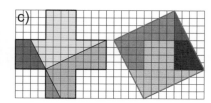

Ilse Mayer: Mathematik an Schwerpunkten produktiv üben · 5. Klasse · Best.-Nr. 709 · © Brigg Pädagogik Verlag GmbH, Augsburg

1 Mutter und Vater berechnen auf zwei verschiedene Arten den Flächeninhalt des Vorzimmers.
Findest du eine dritte Art?

a)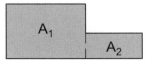

$$A = A_1 + A_2$$

b)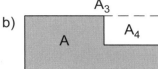

$$A = A_3 - A_4$$

c)

....

2 Berechne den Umfang und den Flächeninhalt. (Maße in m.)
Vergleiche deine Lösungswege und die Ergebnisse mit Mitschüler(inne)n.

a)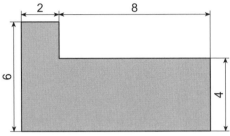

....
....
....
....
....
....

b)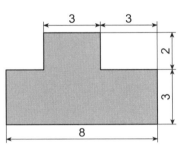

....
....
....
....
....

c)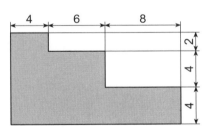

....
....
....
....
....

3 a) Rechtecke: Die Länge einer Seite und der Flächeninhalt sind bekannt.
Berechne die Länge der anderen Seite und den Umfang. (Vergiss nicht, die Probe zu rechnen.)

Länge		16 cm		50 dm	
Breite	9 cm		8 dm		1 dm
Umfang					
Flächeninhalt	45 cm²	64 cm²	64 dm²	900 dm²	52 dm²

b) Rechtecke: Die Länge einer Seite und der Umfang sind bekannt.
Berechne die Länge der anderen Seite und den Flächeninhalt. (Vergiss nicht, die Probe zu rechnen.)

Länge	12 cm		10 dm		200 dm
Breite		5 cm		15 dm	
Umfang	42 cm	50 cm	50 dm	90 dm	402 dm
Flächeninhalt					

Ilse Mayer: Mathematik an Schwerpunkten produktiv üben · 5. Klasse · Best.-Nr. 709 · © Brigg Pädagogik Verlag GmbH, Augsburg

1 Mutter und Vater berechnen auf zwei verschiedene Arten den Flächeninhalt des Vorzimmers. Findest du eine dritte Art?

a)
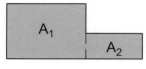

$A = A_1 + A_2$

b)

$A = A_3 - A_4$

c)

$A = A_5 + A_6$

2 Berechne den Umfang und den Flächeninhalt. (Maße in m.)
Vergleiche deine Lösungswege und die Ergebnisse mit Mitschüler(inne)n.

a)
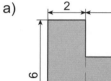

$u = (10\ m + 6\ m) \cdot 2 = 16\ m \cdot 2$

$u = 32\ m$

$A = 2\ m \cdot 6\ m + 8\ m \cdot 4\ m$

$A = 12\ m^2 + 32\ m^2$

$A = 44\ m^2$

b)
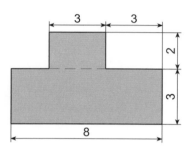

$u = (8\ m + 5\ m) \cdot 2 = 13\ m \cdot 2$

$u = 26\ m$

$A = 8\ m \cdot 3\ m + 3\ m \cdot 2\ m$

$A = 24\ m^2 + 6\ m^2$

$A = 30\ m^2$

c)
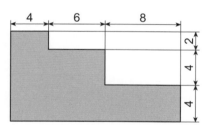

$u = (18\ m + 10\ m) \cdot 2 = 28\ m \cdot 2$

$u = 56\ m$

$A = 18\ m \cdot 10\ m - (6\ m \cdot 2\ m + 8\ m \cdot 6\ m)$

$A = 180\ m^2 - (12\ m^2 + 48\ m^2) = 180\ m^2 - 60\ m^2$

$A = 120\ m^2$

3 a) Rechtecke: Die Länge einer Seite und der Flächeninhalt sind bekannt.
Berechne die Länge der anderen Seite und den Umfang. (Vergiss nicht, die Probe zu rechnen.)

Länge	5 cm	16 cm	8 dm	50 dm	52 dm
Breite	9 cm	4 cm	8 dm	18 dm	1 dm
Umfang	28 cm	40 cm	32 dm	136 dm	106 dm
Flächeninhalt	45 cm²	64 cm²	64 dm²	900 dm²	52 dm²

b) Rechtecke: Die Länge einer Seite und der Umfang sind bekannt.
Berechne die Länge der anderen Seite und den Flächeninhalt. (Vergiss nicht, die Probe zu rechnen.)

Länge	12 cm	20 cm	10 dm	30 dm	200 dm
Breite	9 cm	5 cm	15 dm	15 dm	1 dm
Umfang	42 cm	50 cm	50 dm	90 dm	402 dm
Flächeninhalt	108 cm²	100 cm²	150 dm²	450 dm²	200 dm²

Name:

1 Brüche entstehen, wenn man Ganze in gleich große Teile teilt.

Welcher Bruchteil der ganzen Orange, Pizza ... wurde gegessen und welcher Bruchteil ist noch übrig?

a)

b)

c)

d)

gegessen:

Rest:

gegessen:

Rest:

gegessen:

Rest:

gegessen:

Rest:

2 Ganze sind in gleich große Teile geteilt. Gib jeweils an, welcher Bruchteil des Ganzen gefärbt ist.

a)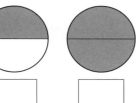

b)

c)

d)

e)

f)

3 Bemale die angegebenen Bruchteile mit Buntstift.

a)

$\frac{1}{8}$ $\frac{3}{4}$ $\frac{7}{10}$ $\frac{3}{8}$ $\frac{2}{3}$ $\frac{4}{5}$

b)

$\frac{3}{5}$ $\frac{1}{2}$ $\frac{9}{10}$ $\frac{3}{4}$ $\frac{3}{10}$ $\frac{7}{8}$

4 Teile die Quadratflächen auf verschiedene Arten in Achtel. Bemale dann drei Achtel davon.

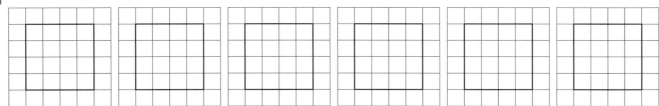

1   Brüche entstehen, wenn man Ganze in gleich große Teile teilt.

Welcher Bruchteil der ganzen Orange, Pizza ... wurde gegessen und welcher Bruchteil ist noch übrig?

a)

gegessen: $\frac{1}{2}$

Rest: $\frac{1}{2}$

b)

gegessen: $\frac{1}{8}$

Rest: $\frac{7}{8}$

c)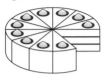

gegessen: $\frac{2}{12}$

Rest: $\frac{10}{12}$

d)

gegessen: $\frac{5}{24}$

Rest: $\frac{19}{24}$

2 Ganze sind in gleich große Teile geteilt. Gib jeweils an, welcher Bruchteil des Ganzen gefärbt ist.

a)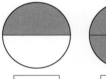

$\frac{1}{2}$ $\frac{2}{2}$

b)

$\frac{1}{4}$ $\frac{3}{4}$

c)

$\frac{1}{3}$ $\frac{2}{3}$

d)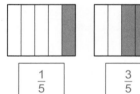

$\frac{1}{5}$ $\frac{3}{5}$

e)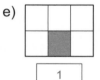

$\frac{1}{6}$ $\frac{5}{6}$

f)

$\frac{1}{10}$ $\frac{7}{10}$

3 Bemale die angegebenen Bruchteile mit Buntstift.

a)

$\frac{1}{8}$ $\frac{3}{4}$ $\frac{7}{10}$ $\frac{3}{8}$ $\frac{2}{3}$ $\frac{4}{5}$

b)

$\frac{3}{5}$ $\frac{1}{2}$ $\frac{9}{10}$ $\frac{3}{4}$ $\frac{3}{10}$ $\frac{7}{8}$

4 Teile die Quadratflächen auf verschiedene Arten in Achtel. Bemale dann drei Achtel davon.

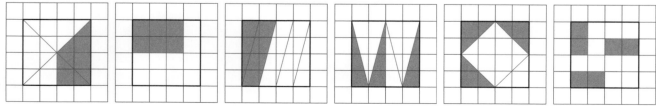

1 Der gleiche Bruchteil ist durch verschiedene Brüche dargestellt. Gib jeweils den Bruch an.

a) (1)   (2)

= _____ = _____ = _____   = _____ = _____ = _____

▶ Die Unterteilung wird feiner – es entstehen kleinere, dafür aber mehr Teile – der Bruch wurde erweitert. Beim Erweitern werden der Zähler und der Nenner mit derselben Zahl multipliziert.

b) (1)   (2)

= _____ = _____ = _____   = _____ = _____ = _____

▶ Die Unterteilung wird gröber – es entstehen größere, dafür aber weniger Teile – der Bruch wurde gekürzt. Beim Kürzen werden der Zähler und der Nenner durch dieselbe Zahl dividiert.

2 Die Brüche sind gekürzt oder erweitert.
Ergänze den fehlenden Zähler oder Nenner. Gib auch die Kürzungs- oder Erweiterungszahl an.

a) $\dfrac{4}{10} = \dfrac{}{5}$ ☐ $\dfrac{70}{100} = \dfrac{7}{}$ ☐   b) $\dfrac{5}{8} = \dfrac{10}{}$ ☐ $\dfrac{3}{8} = \dfrac{30}{}$ ☐

$\dfrac{80}{100} = \dfrac{4}{}$ ☐ $\dfrac{36}{40} = \dfrac{}{10}$ ☐ $\dfrac{7}{9} = \dfrac{21}{}$ ☐ $\dfrac{4}{9} = \dfrac{28}{}$ ☐

$\dfrac{15}{18} = \dfrac{}{6}$ ☐ $\dfrac{25}{35} = \dfrac{}{7}$ ☐ $\dfrac{5}{6} = \dfrac{45}{}$ ☐ $\dfrac{1}{2} = \dfrac{8}{}$ ☐

3 a) Erweitere auf Vierundzwanzigstel.   b) Kürze so weit wie möglich.

$\dfrac{2}{3} = $ _____ $\dfrac{7}{8} = $ _____ $\dfrac{3}{4} = $ _____ $\dfrac{30}{60} = $ _____ $\dfrac{24}{60} = $ _____ $\dfrac{45}{60} = $ _____

$\dfrac{1}{2} = $ _____ $\dfrac{5}{6} = $ _____ $\dfrac{7}{12} = $ _____ $\dfrac{54}{60} = $ _____ $\dfrac{40}{60} = $ _____ $\dfrac{50}{60} = $ _____

4 a) Gib jeweils an, welcher Bruchteil gefärbt ist.

b) Je ein Bruch der ersten Reihe und ein Bruch der zweiten Reihe sind wertgleich. Verbinde sie mit einer geraden Linie.

   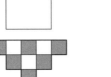

1 Der gleiche Bruchteil ist durch verschiedene Brüche dargestellt. Gib jeweils den Bruch an.

a) (1)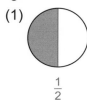

$$\frac{1}{2} = \frac{2}{4} = \frac{3}{6}$$

(2)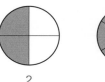

$$\frac{3}{4} = \frac{6}{8} = \frac{12}{16}$$

▶ Die Unterteilung wird feiner – es entstehen kleinere, dafür aber mehr Teile – der Bruch wurde erweitert. Beim Erweitern werden der Zähler und der Nenner mit derselben Zahl multipliziert.

b) (1)

$$\frac{6}{9} = \frac{4}{6} = \frac{2}{3}$$

(2)

$$\frac{20}{25} = \frac{12}{15} = \frac{4}{5}$$

▶ Die Unterteilung wird gröber – es entstehen größere, dafür aber weniger Teile – der Bruch wurde gekürzt. Beim Kürzen werden der Zähler und der Nenner durch dieselbe Zahl dividiert.

2 Die Brüche sind gekürzt oder erweitert.
Ergänze den fehlenden Zähler oder Nenner. Gib auch die Kürzungs- oder Erweiterungszahl an.

a) $\frac{4}{10} = \frac{2}{5}$ | 2 | $\frac{70}{100} = \frac{7}{10}$ | 10 | b) $\frac{5}{8} = \frac{10}{16}$ | 2 | $\frac{3}{8} = \frac{30}{80}$ | 10 |

$\frac{80}{100} = \frac{4}{5}$ | 20 | $\frac{36}{40} = \frac{9}{10}$ | 4 | $\frac{7}{9} = \frac{21}{27}$ | 3 | $\frac{4}{9} = \frac{28}{63}$ | 7 |

$\frac{15}{18} = \frac{5}{6}$ | 3 | $\frac{25}{35} = \frac{5}{7}$ | 5 | $\frac{5}{6} = \frac{45}{54}$ | 9 | $\frac{1}{2} = \frac{8}{16}$ | 8 |

3 a) Erweitere auf Vierundzwanzigstel.   b) Kürze so weit wie möglich.

$\frac{2}{3} = \frac{16}{24}$ $\frac{7}{8} = \frac{21}{24}$ $\frac{3}{4} = \frac{18}{24}$ $\frac{30}{60} = \frac{1}{2}$ $\frac{24}{60} = \frac{2}{5}$ $\frac{45}{60} = \frac{3}{4}$

$\frac{1}{2} = \frac{12}{24}$ $\frac{5}{6} = \frac{20}{24}$ $\frac{7}{12} = \frac{14}{24}$ $\frac{54}{60} = \frac{9}{10}$ $\frac{40}{60} = \frac{2}{3}$ $\frac{50}{60} = \frac{5}{6}$

4 a) Gib jeweils an, welcher Bruchteil gefärbt ist.

b) Je ein Bruch der ersten Reihe und ein Bruch der zweiten Reihe sind wertgleich. Verbinde sie mit einer geraden Linie.

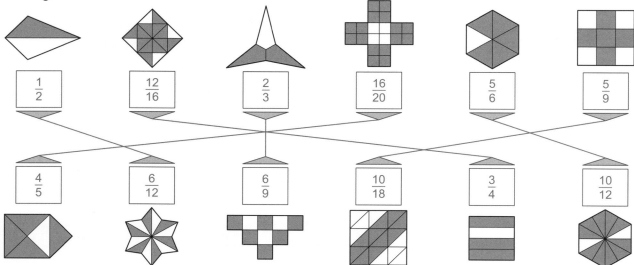

 Ilse Mayer: Mathematik an Schwerpunkten produktiv üben · 5. Klasse · Best.-Nr. 709 · © Brigg Pädagogik Verlag GmbH, Augsburg

1 Brüche kann man vergleichen, wenn sie gleichen Nenner haben (gleichnamig sind).
Vergleiche die Brüche und setze das Zeichen „<" oder „>" ein.

a) (1) 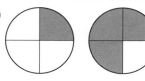   (2) 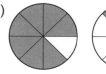   (3)

b) (1) $\dfrac{2}{3}$ ___ $\dfrac{1}{3}$ (2) $\dfrac{2}{5}$ ___ $\dfrac{3}{5}$ (3) $\dfrac{7}{10}$ ___ $\dfrac{9}{10}$ (4) $\dfrac{11}{12}$ ___ $\dfrac{5}{12}$ (5) $\dfrac{100}{100}$ ___ $\dfrac{50}{100}$

$\dfrac{5}{8}$ ___ $\dfrac{3}{8}$ $\dfrac{5}{6}$ ___ $\dfrac{1}{6}$ $\dfrac{2}{15}$ ___ $\dfrac{8}{15}$ $\dfrac{2}{15}$ ___ $\dfrac{8}{15}$ $\dfrac{23}{100}$ ___ $\dfrac{99}{100}$

2 Brüche kann man vergleichen, wenn sie gleichen Zähler haben.
Vergleiche die Brüche und setze das Zeichen „<" oder „>" ein.

a) (1) 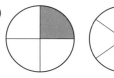   (2)    (3)

b) (1) $\dfrac{3}{4}$ ___ $\dfrac{3}{5}$ (2) $\dfrac{1}{8}$ ___ $\dfrac{1}{4}$ (3) $\dfrac{5}{3}$ ___ $\dfrac{5}{9}$ (4) $\dfrac{2}{6}$ ___ $\dfrac{2}{9}$ (5) $\dfrac{4}{9}$ ___ $\dfrac{4}{5}$

$\dfrac{6}{8}$ ___ $\dfrac{6}{7}$ $\dfrac{7}{10}$ ___ $\dfrac{7}{20}$ $\dfrac{9}{16}$ ___ $\dfrac{9}{15}$ $\dfrac{7}{12}$ ___ $\dfrac{7}{15}$ $\dfrac{10}{18}$ ___ $\dfrac{10}{12}$

3 Stelle die Bruchteile mit verschiedenen Farben im Hunderterfeld dar. Ordne sie dann der Größe nach.

a) $\boxed{\dfrac{1}{5}}$ $\boxed{\dfrac{3}{10}}$ $\boxed{\dfrac{17}{100}}$ b) $\boxed{\dfrac{1}{4}}$ $\boxed{\dfrac{1}{10}}$ $\boxed{\dfrac{23}{100}}$ c) $\boxed{\dfrac{1}{10}}$ $\boxed{\dfrac{1}{20}}$ $\boxed{\dfrac{1}{100}}$ d) $\boxed{\dfrac{1}{2}}$ $\boxed{\dfrac{3}{10}}$ $\boxed{\dfrac{9}{100}}$

< ___ < ___   < ___ < ___   < ___ < ___   < ___ < ___

4 Vergleiche die Brüche und setze das richtige Zeichen ein (<, =, >).
Die „Bruchmauer" kann dir dafür nützlich sein!

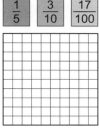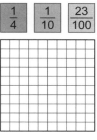

$\dfrac{1}{2}$ ___ $\dfrac{3}{4}$ $\dfrac{1}{2}$ ___ $\dfrac{4}{8}$ $\dfrac{3}{4}$ ___ $\dfrac{3}{8}$

$\dfrac{8}{8}$ ___ $\dfrac{4}{4}$ $\dfrac{3}{4}$ ___ $\dfrac{5}{8}$ $\dfrac{7}{8}$ ___ $\dfrac{8}{8}$

$\dfrac{1}{3}$ ___ $\dfrac{1}{2}$ $\dfrac{2}{3}$ ___ $\dfrac{1}{2}$ $\dfrac{1}{3}$ ___ $\dfrac{2}{6}$

$\dfrac{3}{6}$ ___ $\dfrac{1}{2}$ $\dfrac{3}{6}$ ___ $\dfrac{5}{10}$ $\dfrac{3}{6}$ ___ $\dfrac{3}{5}$

$\dfrac{1}{5}$ ___ $\dfrac{2}{10}$ $\dfrac{1}{4}$ ___ $\dfrac{2}{10}$ $\dfrac{7}{10}$ ___ $\dfrac{3}{4}$

Ilse Mayer: Mathematik an Schwerpunkten produktiv üben · 5. Klasse · Best.-Nr. 709 · © Brigg Pädagogik Verlag GmbH, Augsburg

1 Brüche kann man vergleichen, wenn sie gleichen Nenner haben (gleichnamig sind).
Vergleiche die Brüche und setze das Zeichen „<" oder „>" ein.

a) (1) 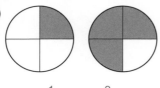   (2)   (3)

$\frac{1}{4} < \frac{3}{4}$ $\frac{7}{8} > \frac{3}{8}$ $\frac{17}{18} > \frac{11}{18}$

b) (1) $\frac{2}{3} > \frac{1}{3}$ (2) $\frac{2}{5} < \frac{3}{5}$ (3) $\frac{7}{10} < \frac{9}{10}$ (4) $\frac{11}{12} > \frac{5}{12}$ (5) $\frac{100}{100} > \frac{50}{100}$

$\frac{5}{8} > \frac{3}{8}$ $\frac{5}{6} > \frac{1}{6}$ $\frac{2}{15} < \frac{8}{15}$ $\frac{2}{15} < \frac{8}{15}$ $\frac{23}{100} < \frac{99}{100}$

2 Brüche kann man vergleichen, wenn sie gleichen Zähler haben.
Vergleiche die Brüche und setze das Zeichen „<" oder „>" ein.

a) (1) 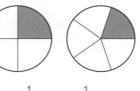   (2) 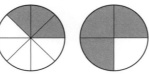   (3)

$\frac{1}{4} > \frac{1}{5}$ $\frac{3}{8} < \frac{3}{4}$ $\frac{7}{12} > \frac{7}{18}$

b) (1) $\frac{3}{4} > \frac{3}{5}$ (2) $\frac{1}{8} < \frac{1}{4}$ (3) $\frac{5}{3} > \frac{5}{9}$ (4) $\frac{2}{6} > \frac{2}{9}$ (5) $\frac{4}{9} < \frac{4}{5}$

$\frac{6}{8} < \frac{6}{7}$ $\frac{7}{10} > \frac{7}{20}$ $\frac{9}{16} < \frac{9}{15}$ $\frac{7}{12} > \frac{7}{15}$ $\frac{10}{18} < \frac{10}{12}$

3 Stelle die Bruchteile mit verschiedenen Farben im Hunderterfeld dar. Ordne sie dann der Größe nach.

a) $\frac{1}{5}$ $\frac{3}{10}$ $\frac{17}{100}$ b) $\frac{1}{4}$ $\frac{1}{10}$ $\frac{23}{100}$ c) $\frac{1}{10}$ $\frac{1}{20}$ $\frac{1}{100}$ d) $\frac{1}{2}$ $\frac{3}{10}$ $\frac{9}{100}$

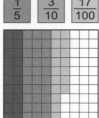   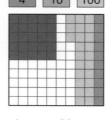   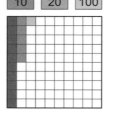   

$\frac{17}{100} < \frac{1}{5} < \frac{3}{10}$ $\frac{1}{10} < \frac{23}{100} < \frac{1}{4}$ $\frac{1}{100} < \frac{1}{20} < \frac{1}{10}$ $\frac{9}{100} < \frac{3}{10} < \frac{1}{2}$

4 Vergleiche die Brüche und setze das richtige Zeichen ein (<, =, >).
Die „Bruchmauer" kann dir dafür nützlich sein!

$\frac{1}{2}$				$\frac{1}{2}$			
$\frac{1}{4}$		$\frac{1}{4}$		$\frac{1}{4}$		$\frac{1}{4}$	
$\frac{1}{8}$	$\frac{1}{8}$	$\frac{1}{8}$	$\frac{1}{8}$	$\frac{1}{8}$	$\frac{1}{8}$	$\frac{1}{8}$	$\frac{1}{8}$
$\frac{1}{3}$		$\frac{1}{3}$			$\frac{1}{3}$		
$\frac{1}{6}$	$\frac{1}{6}$	$\frac{1}{6}$	$\frac{1}{6}$	$\frac{1}{6}$	$\frac{1}{6}$		
$\frac{1}{5}$		$\frac{1}{5}$		$\frac{1}{5}$		$\frac{1}{5}$	
$\frac{1}{10}$	$\frac{1}{10}$	$\frac{1}{10}$	$\frac{1}{10}$	$\frac{1}{10}$	$\frac{1}{10}$	$\frac{1}{10}$	$\frac{1}{10}$

$\frac{1}{2} < \frac{3}{4}$ $\frac{1}{2} = \frac{4}{8}$ $\frac{3}{4} > \frac{3}{8}$

$\frac{8}{8} = \frac{4}{4}$ $\frac{3}{4} > \frac{5}{8}$ $\frac{7}{8} < \frac{8}{8}$

$\frac{1}{3} < \frac{1}{2}$ $\frac{2}{3} > \frac{1}{2}$ $\frac{1}{3} = \frac{2}{6}$

$\frac{3}{6} = \frac{1}{2}$ $\frac{3}{6} = \frac{5}{10}$ $\frac{3}{6} < \frac{3}{5}$

$\frac{1}{5} = \frac{2}{10}$ $\frac{1}{4} > \frac{2}{10}$ $\frac{7}{10} < \frac{3}{4}$

Ilse Mayer: Mathematik an Schwerpunkten produktiv üben · 5. Klasse · Best.-Nr. 709 · © Brigg Pädagogik Verlag GmbH, Augsburg

1 Welcher Bruchteil ist farbig und welcher weiß?

a)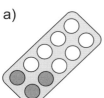
b)
c)
d)
e)
f)

☐ + ☐   ☐ + ☐   ☐ + ☐   ☐ + ☐   ☐ + ☐   ☐ + ☐

2 Wie viele Kinder sind das?

a) Ein Viertel der 24 Kinder der Klasse 5a war in diesem Schuljahr noch nicht krank.

b) Zwei Drittel der 27 Kinder der Klasse 5b betreiben sehr gerne Sport.

c) Vier Fünftel der 25 Kinder der 5c haben ihre Hausaufgabe besonders sorgfältig gerechnet.

.... Kinder   .... Kinder   .... Kinder

 Größen sind oft durch Bruchteile einer größeren Einheit gegeben, z. B. ein halber Liter, neun Zehntel Meter, eine Dreiviertelstunde ...

3 Im Krug war 1 Liter Fruchtsaft. Welcher Bruchteil eines Liters ist noch im Krug und welcher Bruchteil wurde bereits getrunken?

a) 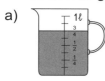  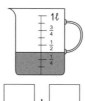   b)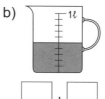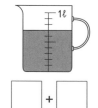

☐ + ☐   ☐ + ☐   ☐ + ☐   ☐ + ☐   ☐ + ☐   ☐ + ☐

4 Längenmaße. Rechne in die jeweils angegebene Maßeinheit um.

| km | 100 m • | 10 m • | m | dm | cm | mm |

$\frac{1}{2}$ cm = ... mm $\frac{1}{2}$ m = ... mm $\frac{3}{4}$ m = ... cm $\frac{1}{2}$ km = ... m

$\frac{3}{10}$ cm = ... mm $\frac{3}{4}$ m = ... mm $\frac{1}{5}$ m = ... cm $\frac{1}{4}$ km = ... m

$\frac{2}{5}$ cm = ... mm $\frac{9}{10}$ m = ... mm $\frac{7}{10}$ m = ... cm $\frac{1}{8}$ km = ... m

5 Bemale im Zifferblatt der Uhr den gegebenen Bruchteil einer Stunde.
Gib danach den Bruchteil der Stunde in Minuten an. (1 Stunde = 60 Minuten)

a) $\frac{1}{2}$ Stunde   b) $\frac{3}{4}$ Stunde   c) $\frac{1}{3}$ Stunde   d) $\frac{5}{6}$ Stunde   e) $\frac{1}{12}$ Stunde

....

1 Welcher Bruchteil ist farbig und welcher weiß?

a)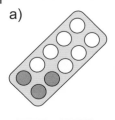

b)

c)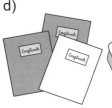

d)

e)

f)

a)	b)	c)	d)	e)	f)
$\frac{3}{10}$ + $\frac{7}{10}$	$\frac{1}{8}$ + $\frac{7}{8}$	$\frac{3}{5}$ + $\frac{2}{5}$	$\frac{2}{3}$ + $\frac{1}{3}$	$\frac{5}{12}$ + $\frac{7}{12}$	$\frac{5}{6}$ + $\frac{1}{6}$

2 Wie viele Kinder sind das?

a) Ein Viertel der 24 Kinder der Klasse 5a war in diesem Schuljahr noch nicht krank.

_____ 6 _____ Kinder

b) Zwei Drittel der 27 Kinder der Klasse 5b betreiben sehr gerne Sport.

_____ 18 _____ Kinder

c) Vier Fünftel der 25 Kinder der 5c haben ihre Hausaufgabe besonders sorgfältig gerechnet.

_____ 20 _____ Kinder

 Größen sind oft durch Bruchteile einer größeren Einheit gegeben, z. B. ein halber Liter, neun Zehntel Meter, eine Dreiviertelstunde ...

3 Im Krug war 1 Liter Fruchtsaft. Welcher Bruchteil eines Liters ist noch im Krug und welcher Bruchteil wurde bereits getrunken?

a)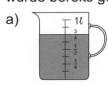

b)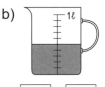

$\frac{3}{4}$ + $\frac{1}{4}$	$\frac{1}{4}$ + $\frac{3}{4}$	$\frac{3}{8}$ + $\frac{5}{8}$	$\frac{1}{2}$ + $\frac{1}{2}$	$\frac{1}{5}$ + $\frac{4}{5}$	$\frac{7}{10}$ + $\frac{3}{10}$

```
|||||||||||||||||||||||||||||||||||||||||||||||||||||||||||||||||||||||||||
0    1    2    3    4    5    6    7    8    9   10   11
```

4 Längenmaße. Rechne in die jeweils angegebene Maßeinheit um.

km	100 m	10 m	m	dm	cm	mm

$\frac{1}{2}$ cm = _____ 5 _____ mm $\frac{1}{2}$ m = _____ 500 _____ mm $\frac{3}{4}$ m = _____ 75 _____ cm $\frac{1}{2}$ km = _____ 500 _____ m

$\frac{3}{10}$ cm = _____ 3 _____ mm $\frac{3}{4}$ m = _____ 750 _____ mm $\frac{1}{5}$ m = _____ 20 _____ cm $\frac{1}{4}$ km = _____ 250 _____ m

$\frac{2}{5}$ cm = _____ 4 _____ mm $\frac{9}{10}$ m = _____ 900 _____ mm $\frac{7}{10}$ m = _____ 70 _____ cm $\frac{1}{8}$ km = _____ 125 _____ m

5 Bemale im Zifferblatt der Uhr den gegebenen Bruchteil einer Stunde.
Gib danach den Bruchteil der Stunde in Minuten an. (1 Stunde = 60 Minuten)

a) $\frac{1}{2}$ Stunde   b) $\frac{3}{4}$ Stunde   c) $\frac{1}{3}$ Stunde   d) $\frac{5}{6}$ Stunde   e) $\frac{1}{12}$ Stunde

    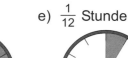

_____ 30 min _____   _____ 45 min _____   _____ 20 min _____   _____ 50 min _____   _____ 5 min _____

Ilse Mayer: Mathematik an Schwerpunkten produktiv üben · 5. Klasse · Best.-Nr. 709 · © Brigg Pädagogik Verlag GmbH, Augsburg

1 Ordne einen passenden Kaufpreis zu!

a)

b)
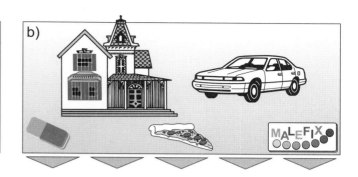

| 1,39 € | 1 650 € | 429 € | 69,95 € | 4,99 € |

| 16 780 € | 0,37 € | 890 000 € | 6,99 € | 2,80 € |

2 Verwandle mit Hilfe der Stellenwerttabelle.

T	H	Z	E	z	h	Euro	Euro und Cent	Cent
	1	8	0	5	0			
						5,32 €		
							2 478 € 30 ct	
								60 400 ct
		2	7	0	9			
								160 ct
							8 € 7 ct	

3

a) Die angegebenen Geldbeträge können mit genau sechs Münzen bezahlt werden.
Gib je ein Beispiel dafür an.

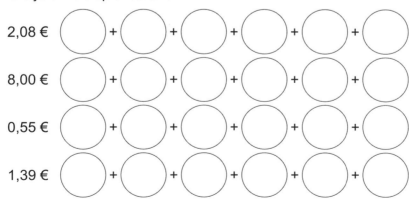

2,08 € ◯ + ◯ + ◯ + ◯ + ◯ + ◯

8,00 € ◯ + ◯ + ◯ + ◯ + ◯ + ◯

0,55 € ◯ + ◯ + ◯ + ◯ + ◯ + ◯

1,39 € ◯ + ◯ + ◯ + ◯ + ◯ + ◯

b) Wie und auf wie viele Arten kannst du 100 € wechseln, wenn du nur 50-€-Scheine,
20-€-Scheine und 10-€-Scheine verwendest?

Wie habt ihr die Möglichkeiten gefunden?

1 Ordne einen passenden Kaufpreis zu!

a)

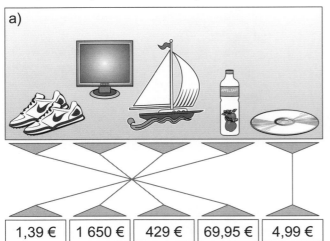

b)

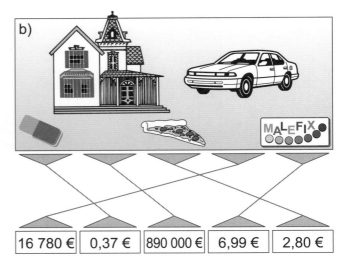

1,39 €	1 650 €	429 €	69,95 €	4,99 €

16 780 €	0,37 €	890 000 €	6,99 €	2,80 €

2 Verwandle mit Hilfe der Stellenwerttabelle.

T	H	Z	E	z	h	Euro	Euro und Cent		Cent
	1	8	0	5	0	180,50 €	180 €	50 ct	18 010 ct
			5	3	2	5,32 €	5 €	32 ct	532 ct
2	4	7	8	3	0	2 478,30 €	2 478 €	30 ct	247 830 ct
	6	0	4			604,00 €	604 €		60 400 ct
		2	7	0	9	27,09 €	27 €	9 ct	2 709 ct
			1	6		1,60 €	1 €	60 ct	160 ct
			8	0	7	8,07 €	8 €	7 ct	807 ct

(Euro: T H Z E; Cent: z h)

3 a) Die angegebenen Geldbeträge können mit genau sechs Münzen bezahlt werden. Gib je ein Beispiel dafür an.

2,08 € (1 ct) + (1 ct) + (1 ct) + (5 ct) + (1 €) + (1 €)

8,00 € (50 ct) + (50 ct) + (1 €) + (2 €) + (2 €) + (2 €)

0,55 € (1 ct) + (1 ct) + (1 ct) + (1 ct) + (1 ct) + (50 ct)

1,39 € (2 ct) + (2 ct) + (5 ct) + (10 ct) + (20 ct) + (1 €)

b) Wie und auf wie viele Arten kannst du 100 € wechseln, wenn du nur 50-€-Scheine, 20-€-Scheine und 10-€-Scheine verwendest?

50 €	2	1	1	0	0	0	0	0	0
20 €	0	2	1	5	4	3	2	1	0
10 €	0	1	3	0	2	4	6	8	10

Wie habt ihr die Möglichkeiten gefunden?

Ilse Mayer: Mathematik an Schwerpunkten produktiv üben · 5. Klasse · Best.-Nr. 709 · © Brigg Pädagogik Verlag GmbH, Augsburg

1 Du kennst „99er-Preise"?

Ein Baukasten kostet nicht 35 €, sondern 34,99 €; eine Digitalkamera kostet nicht 200 €, sondern 199,99 € ... Diese Preise kann man sich nur schlecht merken!

Für Preisvergleiche ist es nützlich, Preise zu runden.

Schreibe daher dein eigenes Preisschild mit einem sinnvoll gerundeten Preis.
Berechne danach den Unterschied.

11,99 €　　69,95 €　　19,99 €　　46,90 €　　499,90 €

2 Einkauf im Sportgeschäft. Berechne schriftlich den Gesamtbetrag und danach das Rückgeld.
Schreibe genau untereinander (Komma unter Komma). Falls nötig, ergänze fehlende Endnullen.

a) 69,95 € + 46,90 €　　b) 11,99 € + 19,99 €　　c) 499,90 € + 19,99 €　　d) 46,90 € + 499,90 €
　 150 €　　　　　　　　 50 €　　　　　　　　 520 €　　　　　　　　 700 €

3

| **Rückgeld bitte sofort nachzählen!** |
| **Spätere Reklamationen können nicht anerkannt werden.** |

Hast du Hinweise dieser Art schon bemerkt?

Welche andere Bezeichnung kann für das Wort „Reklamation" verwendet werden? Kreuze an. (Mehrere Antworten möglich.)

Beanstandung　Kontrolle　Reklame　Beschwerde　Falschgeld

Kontrollierst du immer, ob das Rückgeld stimmt?

4 Berechne das Rückgeld und fülle die Münzliste (Strichliste) aus.

Rechnungs-betrag	bezahlt mit	Rückgeld	€-Banknoten			€-Münzen		Cent-Münzen					
			20	10	5	2	1	50	20	10	5	2	1
1,55 €	2 €	0,45 €							II		I		
3,19 €	5 €												
7,48 €	10 €												
4,70 €	20 €												
25,07 €	30 €												
25,84 €	50 €												
112,36 €	152,36 €												

Ilse Mayer: Mathematik an Schwerpunkten produktiv üben · 5. Klasse · Best.-Nr. 709 · © Brigg Pädagogik Verlag GmbH, Augsburg

1 Du kennst „99er-Preise"?

Ein Baukasten kostet nicht 35 €, sondern 34,99 €; eine Digitalkamera kostet nicht 200 €, sondern 199,99 € ... Diese Preise kann man sich nur schlecht merken!

Für Preisvergleiche ist es nützlich, Preise zu runden.

Schreibe daher dein eigenes Preisschild mit einem sinnvoll gerundeten Preis.
Berechne danach den Unterschied.

11,99 €	69,95 €	19,99 €	46,90 €	499,90 €
12 €	70 €	20 €	47 €	500 €
1 ct	5 ct	1 ct	10 ct	10 ct

2 Einkauf im Sportgeschäft. Berechne schriftlich den Gesamtbetrag und danach das Rückgeld.
Schreibe genau untereinander (Komma unter Komma). Falls nötig, ergänze fehlende Endnullen.

a) 69,95 € + 46,90 €
   150 €

```
      6 9, 9 5 €
  +   4 6, 9 0 €
        1   1
  1 1 6, 8 5 €

      4   9 9
  1 5̶ 0̶, 0̶ 0 €
  - 1 1 6, 8 5 €
      3 3, 1 5 €
```

b) 11,99 € + 19,99 €
   50 €

```
      1 1, 9 9 €
  +   1 9, 9 9 €
      1   1 1
      3 1, 9 8 €

      4   9 9
    5̶ 0̶, 0̶ 0 €
  -   3 1, 9 8 €
      1 8, 0 2 €
```

c) 499,90 € + 19,99 €
   520 €

```
    4 9 9, 9 0 €
  +     1 9, 9 9 €
        1   1 1
    5 1 9, 8 9 €

        1   9 9
    5 2̶ 0̶, 0̶ 0 €
  - 5 1 9, 8 9 €
          0, 1 1 €
```

d) 46,90 € + 499,90 €
   700 €

```
        4 6, 9 0 €
  + 4 9 9, 9 0 €
        1   1 1
    5 4 6, 8 0 €

      6   9 9
    7̶ 0̶ 0̶, 0 0 €
  - 5 4 6, 8 0 €
    1 5 3, 2 0 €
```

3

> **Rückgeld bitte sofort nachzählen!**
> **Spätere Reklamationen**
> **können nicht anerkannt werden.**

Hast du Hinweise dieser Art schon bemerkt?

Welche andere Bezeichnung kann für das Wort „Reklamation" verwendet werden? Kreuze an. (Mehrere Antworten möglich.)

Beanstandung   Kontrolle   Reklame   Beschwerde   Falschgeld
   ☒   ☐   ☐   ☒   ☐

Kontrollierst du immer,
ob das Rückgeld stimmt?

4 Berechne das Rückgeld und fülle die Münzliste (Strichliste) aus.

Rechnungs-betrag	bezahlt mit	Rückgeld	€-Banknoten			€-Münzen		Cent-Münzen					
			20	10	5	2	1	50	20	10	5	2	1
1,55 €	2 €	0,45 €							II		I		
3,19 €	5 €	1,81 €					I	I	I	I			I
7,48 €	10 €	2,52 €				I		I			I		
4,70 €	20 €	15,30 €		I	I					I			
25,07 €	30 €	4,93 €				II		I	II			I	I
25,84 €	50 €	24,16 €	I			II				I	I		I
112,36 €	152,36 €	40,00 €	II										

Ilse Mayer: Mathematik an Schwerpunkten produktiv üben · 5. Klasse · Best.-Nr. 709 · © Brigg Pädagogik Verlag GmbH, Augsburg

1 Ordne eine passende Länge zu.

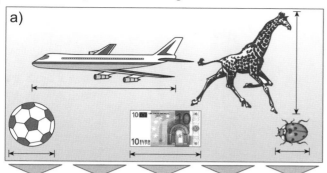

a)

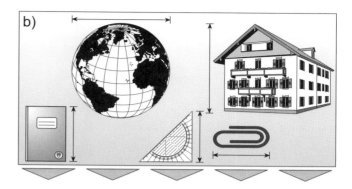

b)

5,80 m	7 mm	11,3 cm	22 cm	75,3 m

29,7 cm	25 mm	12 756 km	12,7 cm	12,7 m

2 Längenmaße. Verwandle mit Hilfe der Umrechnungstabelle.

a)

km	100 m •	10 m •	m	dm	cm	mm	gemischte Einheiten	angegebene Einheiten
							2 m 8 dm 7 cm	c m
					5	1		c m
				3	5	8		d m
								4 0 , 4 d m
							7 dm 4 mm	d m
			1	9	2			m
							5 dm 4 cm 2 mm	m

b)

km	100 m •	10 m •	m	dm	cm	mm	km	gemischte Einheiten	m
1	2	5	8						
							2,039 km		
								5 km 4 m	
									9 700 m
4	1	8							
							3,501 km		
								708 m 5 dm	
									3,9 m

3 Verbinde jeweils gleiche Längen mit einer geraden Linie.

a)

6 m 5 dm	0,65 dm
6 m 5 cm	6,5 m
6 m 5 mm	6,05 m
6 cm 5 mm	6,005 m

b)

1,03 m	13 dm
1,3 m	1 m 3 cm
10,3 cm	13 mm
1,3 cm	103 mm

c)

4,07 km	0,470 km
4 km 7 m	47 m
0,047 km	4 km 70 m
470 m	4,007 km

1 Ordne eine passende Länge zu.

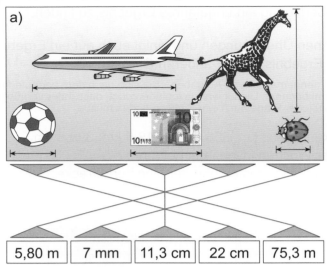

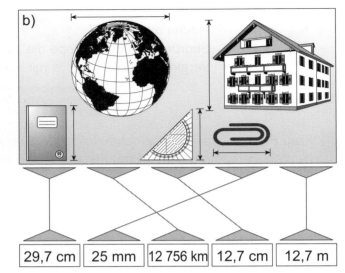

| 5,80 m | 7 mm | 11,3 cm | 22 cm | 75,3 m |

| 29,7 cm | 25 mm | 12 756 km | 12,7 cm | 12,7 m |

2 Längenmaße. Verwandle mit Hilfe der Umrechnungstabelle.

a)

km	100 m •	10 m •	m	dm	cm	mm	gemischte Einheiten	angegebene Einheiten
			2	8	7		2 m 8 dm 7 cm	278 cm
					5	1	5 cm 1 mm	5,1 cm
				3	5	8	3 dm 5 cm 8 mm	3,58 dm
			4		4		4 m 4 cm	40,4 dm
				7		4	7 dm 4 mm	7,04 dm
		1	9	2			19 m 2 dm	19,2 m
				5	4	2	5 dm 4 cm 2 mm	0,542 m

b)

km	100 m •	10 m •	m	dm	cm	mm	km	gemischte Einheiten	m
1	2	5	8				1,258 km	1 km 258 m	1 258 m
2		3	9				2,039 km	2 km 39 m	2 039 m
5			4				5,004 km	5 km 4 m	5 004 m
9	7						9,700 km	9 km 700 m	9 700 m
4	1	8					4,180 km	4 km 180 m	4 180 m
3	5		1				3,501 km	3 km 501 m	3 501 m
	7	0	8	5			0,7085 km	708 m 5 dm	708,5 m
				3	9		0,0039 km	3 m 9 dm	3,9 m

3 Verbinde jeweils gleiche Längen mit einer geraden Linie.

a)
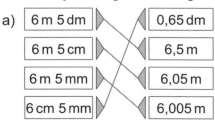

6 m 5 dm	0,65 dm
6 m 5 cm	6,5 m
6 m 5 mm	6,05 m
6 cm 5 mm	6,005 m

b)
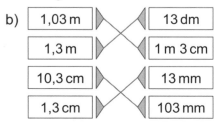

1,03 m	13 dm
1,3 m	1 m 3 cm
10,3 cm	13 mm
1,3 cm	103 mm

c)
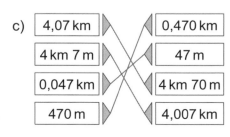

4,07 km	0,470 km
4 km 7 m	47 m
0,047 km	4 km 70 m
470 m	4,007 km

   Ilse Mayer: Mathematik an Schwerpunkten produktiv üben · 5. Klasse · Best.-Nr. 709 · © Brigg Pädagogik Verlag GmbH, Augsburg

1 Wie viele Kilometer haben alle Kinder der Klasse zusammen heute auf ihren Schulwegen zurückgelegt?

- Versuche zuerst, durch eigene Überlegung ein ungefähres Ergebnis zu finden. Mache dir Notizen!
- Begründet in der Gruppe die eigenen Überlegungen und einigt euch auf *ein* Ergebnis.
- Vergleicht euer Ergebnis mit den Ergebnissen der anderen Gruppen.

Aufgaben dieser Art nennt man „Fermi-Aufgaben". Sie sind nach dem bedeutenden Physiker Enrico Fermi benannt. Dieser war davon überzeugt, dass jeder vernünftig denkende Mensch zu jeder Frage auch eine Antwort finden müsse.

2 Frau Fischer fuhr in vier Wochen folgende Strecken: 292,8 km, 356,0 km, 219,5 km, 399,3 km.

a) Wie viele Kilometer ist Frau Fischer in den vier Wochen insgesamt gefahren?

b) Wie viele Kilometer sind Unterschied zwischen der kürzesten und der längsten Strecke in diesen vier Wochen?

c) Stelle die Strecken in einem Diagramm dar.

a) ....   b) ....   c)

....

....

....

....

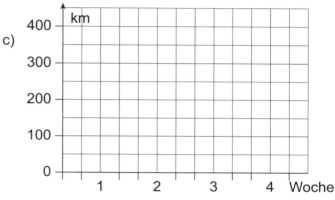

A: ....

....

3

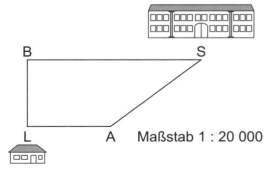

Familie Glaser fährt von A über B nach C und dann den direkten Weg zurück nach A.

Welche Antworten könnten für Familie Glaser interessant sein? Stelle Fragen und berechne.

....

....

....

....

4 Berechne mit Hilfe des Plans, wie lang der Schulweg von Lukas ist, wenn er den kürzeren Weg (LAS) oder den längeren Weg (LBS) wählt.

Plan	Wirklichkeit

Maßstab 1 : 20 000

A: ....

....

1 Wie viele Kilometer haben alle Kinder der Klasse zusammen heute auf ihren Schulwegen zurückgelegt?

- Versuche zuerst, durch eigene Überlegung ein ungefähres Ergebnis zu finden. Mache dir Notizen!
- Begründet in der Gruppe die eigenen Überlegungen und einigt euch auf *ein* Ergebnis.
- Vergleicht euer Ergebnis mit den Ergebnissen der anderen Gruppen.

> Aufgaben dieser Art nennt man „Fermi-Aufgaben". Sie sind nach dem bedeutenden Physiker Enrico Fermi benannt. Dieser war davon überzeugt, dass jeder vernünftig denkende Mensch zu jeder Frage auch eine Antwort finden müsse.

2 Frau Fischer fuhr in vier Wochen folgende Strecken: 292,8 km, 356,0 km, 219,5 km, 399,3 km.

a) Wie viele Kilometer ist Frau Fischer in den vier Wochen insgesamt gefahren?

b) Wie viele Kilometer sind Unterschied zwischen der kürzesten und der längsten Strecke in diesen vier Wochen?

c) Stelle die Strecken in einem Diagramm dar.

a)
    292,8 km
    356,0 km
    219,5 km
 + 399,3 km
 1 267,6 km

b)
   399,3 km
 − 219,5 km
   179,8 km

c)
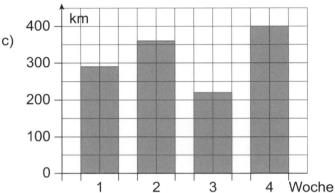

A: Frau Fischer ist in vier Wochen 1 267,6 km gefahren.

In der dritten Woche fuhr Frau Fischer um 179,8 km weniger als in der vierten Woche.

3
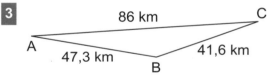
86 km, A, 47,3 km, B, 41,6 km, C

Familie Glaser fährt von A über B nach C und dann den direkten Weg zurück nach A.

Welche Antworten könnten für Familie Glaser interessant sein? Stelle Fragen und berechne.

Hinfahrt:

47,3 km + 41,6 km = 88,9 km

Rückfahrt:

86 km

Unterschied:

88,9 km − 86 km = 2,9 km

Gesamtstrecke:

88,9 km + 86,0 km = 174,9 km

4 Berechne mit Hilfe des Plans, wie lang der Schulweg von Lukas ist, wenn er den kürzeren Weg (LAS) oder den längeren Weg (LBS) wählt.

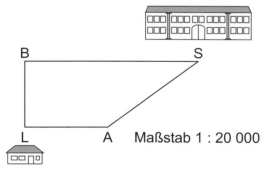
B   S   L   A Maßstab 1 : 20 000

Plan		Wirklichkeit
	1 mm	20 000 mm = 20 m
$\overline{LA}$	22 mm	20 m · 22 = 440 m
$\overline{AS}$	30 mm	20 m · 30 = 600 m
$\overline{LB}$	18 mm	20 m · 18 = 360 m
$\overline{BS}$	46 mm	20 m · 46 = 920 m

A: Der kürzere Weg ist 1 040 m (1 km 40 m) lang,

der längere Weg ist 1 280 m (1 km 280 m) lang.

Ilse Mayer: Mathematik an Schwerpunkten produktiv üben · 5. Klasse · Best.-Nr. 709 · © Brigg Pädagogik Verlag GmbH, Augsburg

1 Ordne eine passende Masse zu!

| 1,25 g | 7,5 g | 500 g | 12,5 kg | 13,2 t |

| 3,9 kg | 590 kg | 0,1 kg | 1,35 kg | 625 g |

Überprüft eure Aufgabe, indem ihr die Massen miteinander vergleicht.

2 Verwandle mit Hilfe der Umrechungstabelle.

a)

t	100 kg •	10 kg •	kg	100 g •	10 g •	g
		6	1	9	5	

kg
2,004 kg

gemischte Einheiten
7 kg 350 g
1 kg 26 g

g
22 500 g

b)

t	100 kg •	10 kg •	kg	100 g •	10 g •	g
4	9	3	2			

t
5,008 t

gemischte Einheiten
1 t 60 kg

kg
2 303 kg

3 Rechne in die angegebene Einheit um.

a) 3 000 kg = _____ t

5 460 kg = _____ t

2 005 kg = _____ t

40 000 kg = _____ t

125 800 kg = _____ t

612 kg = _____ t

750 kg = _____ t

95 kg = _____ t

500 kg = _____ t

b) 7 t = _____ kg

14 t 319 kg = _____ kg

6 t 25 kg = _____ kg

5 t 440 kg = _____ kg

3 kg 880 g = _____ kg

1 kg 59 g = _____ kg

3 kg 5 g = _____ kg

$\frac{1}{2}$ t = _____ kg

$4\frac{1}{2}$ t = _____ kg

c) 8 kg = _____ g

6 kg 280 g = _____ g

11 kg 14 g = _____ g

5 kg 6 g = _____ g

26 kg = _____ g

60 kg = _____ g

$\frac{1}{2}$ kg = _____ g

$\frac{1}{4}$ kg = _____ g

$3\frac{1}{2}$ kg = _____ g

Ilse Mayer: Mathematik an Schwerpunkten produktiv üben · 5. Klasse · Best.-Nr. 709 · © Brigg Pädagogik Verlag GmbH, Augsburg

1 Ordne eine passende Masse zu!

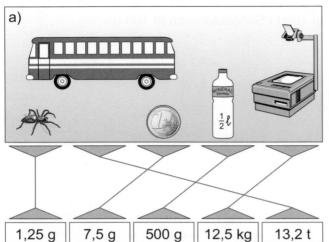

a)

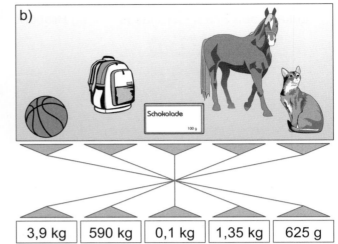

b)

1,25 g	7,5 g	500 g	12,5 kg	13,2 t

3,9 kg	590 kg	0,1 kg	1,35 kg	625 g

Überprüft eure Aufgabe, indem ihr die Massen miteinander vergleicht.

2 Verwandle mit Hilfe der Umrechungstabelle.

a)

t	100 kg •	10 kg •	kg	100 g •	10 g •	g	kg	gemischte Einheiten	g
			6	1	9	5	6,195 kg	6 kg 195 g	6 195 g
			2			4	2,004 kg	2 kg 4 g	2 004 g
			7	3	5		7,35 kg	7 kg 350 g	7 350 g
		2	2	5			22,500 kg	22 kg 500 g	22 500 g
			1		2	6	1,026 kg	1 kg 26 g	1 026 g

b)

t	100 kg •	10 kg •	kg	100 g •	10 g •	g	t	gemischte Einheiten	kg
4	9	3	2				4,932 t	4 t 932 kg	4 932 kg
5			8				5,008 t	5 t 8 kg	5 008 kg
1		6					1,06 t	1 t 60 kg	1 060 kg
2	3		3				2,303 t	2 t 303 kg	2 303 kg

3 Rechne in die angegebene Einheit um.

a) 3 000 kg = _____ 3 t

5 460 kg = _____ 5,46 t

2 005 kg = _____ 2,005 t

40 000 kg = _____ 40 t

125 800 kg = _____ 125,8 t

612 kg = _____ 0,612 t

750 kg = _____ 0,750 t

95 kg = _____ 0,095 t

500 kg = _____ 0,5 t

b) 7 t = _____ 7 000 kg

14 t 319 kg = _____ 14 319 kg

6 t 25 kg = _____ 6 025 kg

5 t 440 kg = _____ 5 440 kg

3 kg 880 g = _____ 3,880 kg

1 kg 59 g = _____ 1,059 kg

3 kg 5 g = _____ 3,005 kg

$\frac{1}{2}$ t = _____ 500 kg

$4\frac{1}{2}$ t = _____ 4 500 kg

c) 8 kg = _____ 8 000 g

6 kg 280 g = _____ 6 280 g

11 kg 14 g = _____ 11 014 g

5 kg 6 g = _____ 5 006 g

26 kg = _____ 26 000 g

60 kg = _____ 60 000 g

$\frac{1}{2}$ kg = _____ 500 g

$\frac{1}{4}$ kg = _____ 250 g

$3\frac{1}{2}$ kg = _____ 3 500 g

Ilse Mayer: Mathematik an Schwerpunkten produktiv üben · 5. Klasse · Best.-Nr. 709 · © Brigg Pädagogik Verlag GmbH, Augsburg

1 Wer hat mehr zu tragen?

Fabian kauft 0,25 kg Heidelbeeren und 1,012 kg Bananen.

Lukas kauft 375 g Cornflakes, 1/2 kg Brot und drei Tafeln Schokolade zu je 100 g.

A:

2 Familie Richter erntet 420 kg Birnen. Aus 250 kg wird Saft gepresst, aus 35 kg wird Marmelade eingekocht und aus 55 kg wird Kompott zubereitet.
Wie viel Kilogramm Birnen sind noch übrig?
Versuche, diese Aufgabe auf verschiedene Arten zu lösen.

I

II

A:

3 Auf einem Kühltransporter ist auf der Fahrertür folgende Aufschrift:
Welches Gewicht ist für den Fahrer berechnet?
Wie viel Tonnen höchstens dürfen geladen werden, wenn Herr Schreiber, er wiegt 85 kg, den Kühltransporter lenkt?

Eigengewicht	7,270 t
Nutzlast	4,645 t
Gesamtgewicht	11,990 t

A:

4 a) Lara hat neun Münzen. Acht Münzen sind echt und gleich schwer, eine ist aber gefälscht und diese ist ein wenig schwerer.
Sie sagt: „Wenn du nur zweimal wiegst, kannst du herausfinden, welche der neun Münzen gefälscht ist."

b) Aus einem Inserat:

9,5t

Nutzlast: 4985 kg
Ladefähigkeit: 40,6 m³
Führerscheinklasse: C
Treibstoff: Diesel
Motorleistung: 170 kW
Eigengewicht: 6780 kg

Darf der LKW – voll beladen – die Brücke benützen?

c)  Ein Elefant wird durchschnittlich 4 t schwer.
Eine Maus erreicht ein Gewicht von ca. 25 g.
Rund wie viele Mäuse sind gleich schwer wie ein Elefant?

1 Wer hat mehr zu tragen?

Fabian kauft 0,25 kg Heidelbeeren und 1,012 kg Bananen.
Lukas kauft 375 g Cornflakes, 1/2 kg Brot und drei Tafeln Schokolade zu je 100 g.

Fabian:	0,250 kg	Lukas:	375 g	Unterschied:	1,262 kg
	+ 1,012 kg		500 g		– 1,175 kg
	1,262 kg		+ 300 g		0,087 kg
			1 175 g = 1,175 kg		

A: Fabian muss mehr tragen als Lukas, aber nur um 87 g.

2  Familie Richter erntet 420 kg Birnen. Aus 250 kg wird Saft gepresst, aus 35 kg wird Marmelade eingekocht und aus 55 kg wird Kompott zubereitet.
Wie viel Kilogramm Birnen sind noch übrig?
Versuche, diese Aufgabe auf verschiedene Arten zu lösen.

Ⅰ 420 – 250 – 35 – 55 =

= 170 – 35 – 55 =

= 135 – 55 = 80

Ⅱ 420 – 250 – 35 – 55 =

= 420 – (250 + 35 + 55) =

= 420 – 340 = 80

A: 80 kg Birnen sind noch übrig.

3 Auf einem Kühltransporter ist auf der Fahrertür folgende Aufschrift:
Welches Gewicht ist für den Fahrer berechnet?
Wie viel Tonnen höchstens dürfen geladen werden, wenn Herr Schreiber, er wiegt 85 kg, den Kühltransporter lenkt?

Eigengewicht	7,270 t
Nutzlast	4,645 t
Gesamtgewicht	11,990 t

M = 11,990 – (7,270 + 4,645)   11,990 – (7,270 + 0,085) =

M = 11,990 – 11,915 = 0,075   11,990 – 7,355 = 4,635

A: Für den Fahrer sind 75 kg berechnet.

Wenn Herr Schreiber den Kühltransporter lenkt, dürfen höchstens 4,635 t geladen werden.

4 a) Lara hat neun Münzen. Acht Münzen sind echt und gleich schwer, eine ist aber gefälscht und diese ist ein wenig schwerer.
Sie sagt: „Wenn du nur zweimal wiegst, kannst du herausfinden, welche der neun Münzen gefälscht ist."

Zuerst je drei wiegen, danach je eine.

b) Aus einem Inserat:
Nutzlast: 4985 kg
Ladefähigkeit: 40,6 m³
Führerscheinklasse: C
Treibstoff: Diesel
Motorleistung: 170 kW
Eigengewicht: 6780 kg

Eigengewicht + Nutzlast:

6780 kg

+ 4985 kg

11 765 kg = 11,765 t

Darf der LKW – voll beladen – die Brücke benützen?   nein

c)  Ein Elefant wird durchschnittlich 4 t schwer.
Eine Maus erreicht ein Gewicht von ca. 25 g.
Rund wie viele Mäuse sind gleich schwer wie ein Elefant?

4 000 000 : 25 = 160 000

Ilse Mayer: Mathematik an Schwerpunkten produktiv üben · 5. Klasse · Best.-Nr. 709 · © Brigg Pädagogik Verlag GmbH, Augsburg

1 a) Lies die Uhrzeit ab (2 Möglichkeiten).

b) Wie viele Minuten sind seit Mitternacht vergangen? Berechne nur die kürzere Zeitspanne.

(1)   (2) 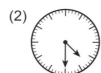 (3)   (4)   (5)

a) ....

....

b) ....

2 Wie spät ist es? Gib jeweils die Uhrzeit an.

20 min nach 7.34 Uhr   2 h 5 min vor 16 Uhr   1 h 40 min nach 7.14 Uhr

....

18 min nach 9.50 Uhr   35 min vor 16.10 Uhr   2 h 48 min nach 6.30 Uhr

....

Die Deutsche Bahn bringt (2009) täglich rund 5 Millionen Reisende an ihr Ziel und transportiert rund 1 Million Tonnen Güter.
(Quelle: de.wikipedia.org)

3 Berechne das Fehlende.

Abfahrt	9.54 Uhr	10.20 Uhr	8.46 Uhr	23.33 Uhr		
Ankunft	10.18 Uhr	13.10 Uhr			16.44 Uhr	11.20 Uhr
Fahrdauer			33 min	3 h 07 min	56 min	2 h 58 min

4 Karin und ihre Eltern fahren mit der Bahn von Nürnberg nach Leipzig.

Nürnberg Hbf	ab 11.33	ICE 880
Würzburg Hbf	ab 12.32	
Fulda	an 13.02	
Fulda	ab 13.15	ICE 1549
Bad Hersfeld	ab 13.39	
Eisenach	an 14.07	
Erfurt Hbf	ab 14.38	
Weimar	ab 14.52	
Leipzig Hbf	an 15.45	

Wie lange ist die Familie insgesamt unterwegs?

In wie vielen Stationen zwischen Nürnberg und Leipzig ist Aufenthalt?

Wie oft muss die Familie umsteigen?

Wie lange dauert die Fahrt von Nürnberg nach Fulda?

Es ist 14.35 Uhr – der Zug ist planmäßig unterwegs. Welche ist die nächste Station?

Wie lange dauert die Fahrt von Weimar nach Leipzig?

5 Verwandle in die angegebene Einheit.

a) 1 h = ... min   1 min = ... s $\frac{1}{2}$ h = ... min

4 h = ... min   3 min = ... s $\frac{1}{4}$ h = ... min

2 h 25 min = ... min   5 min 37 s = ... s $2\frac{1}{2}$ min = ... s

24 h = ... min   6 min 9 s = ... s $\frac{3}{4}$ min = ... s

b) 120 min = ... h   300 s = ... min   90 min = ... h

6 000 min = ... h   1 200 s = ... min   45 s = ... min

1 a) Lies die Uhrzeit ab (2 Möglichkeiten).
   b) Wie viele Minuten sind seit Mitternacht vergangen? Berechne nur die kürzere Zeitspanne.

(1) 	(2) 	(3) 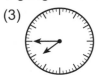	(4)	(5)

a)
1.00 Uhr	4.30 Uhr	7.45 Uhr	9.05 Uhr	1.50 Uhr
13.00 Uhr	16.30 Uhr	19.45 Uhr	21.05 Uhr	13.50 Uhr

b)
60 min	270 min	465 min	545 min	110 min

2 Wie spät ist es? Gib jeweils die Uhrzeit an.

20 min nach 7.34 Uhr   2 h 5 min vor 16 Uhr   1 h 40 min nach 7.14 Uhr
           7.54 Uhr   13.55 Uhr   8.54 Uhr

18 min nach 9.50 Uhr   35 min vor 16.10 Uhr   2 h 48 min nach 6.30 Uhr
          10.08 Uhr   15.35 Uhr   9.18 Uhr

Die Deutsche Bahn bringt (2009) täglich rund 5 Millionen Reisende
an ihr Ziel und transportiert rund 1 Million Tonnen Güter.
(Quelle: de.wikipedia.org)

3 Berechne das Fehlende.

Abfahrt	9.54 Uhr	10.20 Uhr	8.46 Uhr	23.33 Uhr	15.48 Uhr	8.22 Uhr
Ankunft	10.18 Uhr	13.10 Uhr	9.19 Uhr	2.40 Uhr	16.44 Uhr	11.20 Uhr
Fahrdauer	24 min	2 h 50 min	33 min	3 h 07 min	56 min	2 h 58 min

4 Karin und ihre Eltern fahren mit der Bahn von Nürnberg nach Leipzig.

Nürnberg Hbf	ab 11.33	ICE 880
Würzburg Hbf	ab 12.32	
Fulda	an 13.02	
Fulda	ab 13.15	ICE 1549
Bad Hersfeld	ab 13.39	
Eisenach	an 14.07	
Erfurt Hbf	ab 14.38	
Weimar	ab 14.52	
Leipzig Hbf	an 15.45	

Wie lange ist die Familie insgesamt unterwegs?
→ 4 h 12 min

In wie vielen Stationen zwischen Nürnberg und Leipzig ist Aufenthalt?
→ 6 Stationen

Wie oft muss die Familie umsteigen?
→ ein Mal

Wie lange dauert die Fahrt von Nürnberg nach Fulda?
→ 1 h 29 min

Es ist 14.35 Uhr – der Zug ist planmäßig unterwegs. Welche ist die nächste Station?
→ Erfurt

Wie lange dauert die Fahrt von Weimar nach Leipzig?
→ 53 min

5 Verwandle in die angegebene Einheit.

a)
1 h = 60 min	1 min = 60 s	$\frac{1}{2}$ h = 30 min
4 h = 240 min	3 min = 180 s	$\frac{1}{4}$ h = 15 min
2 h 25 min = 145 min	5 min 37 s = 337 s	$2\frac{1}{2}$ min = 150 s
24 h = 1 440 min	6 min 9 s = 369 s	$\frac{3}{4}$ min = 45 s

b)
120 min = 2 h	300 s = 5 min	90 min = $1\frac{1}{2}$ h
6 000 min = 100 h	1 200 s = 20 min	45 s = $\frac{3}{4}$ min

Ilse Mayer: Mathematik an Schwerpunkten produktiv üben · 5. Klasse · Best.-Nr. 709 · © Brigg Pädagogik Verlag GmbH, Augsburg

1 Eine Sekunde vergeht, wenn du die Zahl „einundzwanzig" liest. Zehn Sekunden vergehen daher, wenn du in normalem Tempo von 21 bis 30 zählst.

a) Rechne die in der Tabelle angegebenen Zeiteinheiten in Sekunden um.
Denke daran:
Die Umrechnung unserer Zeitmaße erfolgt nicht mit dekadischen Einheiten.

1 Minute	6 0 Sekunden
1 Stunde	Sekunden
1 Tag	Sekunden
1 Woche	Sekunden
1 Monat (30 Tage)	Sekunden
1 Jahr*	Sekunden
10 Jahre	Sekunden
100 Jahre	Sekunden

* Rechne: 1 Jahr = 365 Tage und 6 Stunden. (Schaltjahr!)

b) Mit Hilfe dieser Tabelle kannst du feststellen, ob die folgenden Aussagen richtig oder falsch sind.

Eine Unterrichtsstunde dauert weniger als 3 600 Sekunden. ☐

Zehn Stunden haben genau 36 000 Sekunden. ☐

Die Sommerferien dauerten mehr als 10 Millionen Sekunden. ☐

Ein Baby ist am ersten Geburtstag über 30 Millionen Sekunden alt. ☐

Viele Grundschulkinder sind jünger als 300 Millionen Sekunden. ☐

Noch nie wurde ein Mensch 3 Milliarden Sekunden alt. ☐

Vor ungefähr fünf bis sieben Millionen Jahren hatten Mensch und Schimpanse gemeinsame Vorfahren. Biologisch moderne Menschen gibt es seit etwa 160 000 Jahren.

2 Sind die vier Jahreszeiten jeweils gleich lang (kein Schaltjahr)? Berechne die Anzahl der Tage.

Frühling: 21. März bis 20. Juni

A: ....

Sommer: 21. Juni bis 22. September

A: ....

Herbst: 23. September bis 20. Dezember

A: ....

Winter: 21. Dezember bis 20. März

A: ....

Sind die Tage jeweils gleich lang?

21. Juni (Sommerbeginn)
Sonnenaufgang: 5.18 Uhr, Sonnenuntergang: 21.31 Uhr, Tageslänge: ....

21. Dezember (Winterbeginn)
Sonnenaufgang: 8.15 Uhr, Sonnenuntergang: 16.27 Uhr, Tageslänge: ....

3 Nicht auf jedem Kalender ist der Faschingsdienstag eingetragen.
Du kannst jedoch das Datum berechnen: Das christliche Osterfest wird am 1. Sonntag nach dem ersten Frühlingsvollmond gefeiert. Von diesem Datum werden 40 Tage zurückgerechnet und dies ist dann der Aschermittwoch. Der Tag vor dem Aschermittwoch ist der Faschingsdienstag.

Wann ist Faschingsdienstag, wenn das christliche Osterfest auf den 5. April fällt und dieses Jahr kein Schaltjahr ist?

Von Carl Friedrich Gauß (1777–1855) ist uns eine Möglichkeit bekannt, mit der man ohne Kenntnis des Mondkalenders die Daten der Osterfeste für die Jahre 1700 bis 2199 bestimmen kann.

....

1 Eine Sekunde vergeht, wenn du die Zahl „einundzwanzig" liest. Zehn Sekunden vergehen daher, wenn du in normalem Tempo von 21 bis 30 zählst.

a) Rechne die in der Tabelle angegebenen Zeiteinheiten in Sekunden um.

Denke daran:
Die Umrechnung unserer Zeitmaße erfolgt nicht mit dekadischen Einheiten.

1 Minute	6 0 Sekunden
1 Stunde	3 600 Sekunden
1 Tag	86 400 Sekunden
1 Woche	604 800 Sekunden
1 Monat (30 Tage)	2 592 000 Sekunden
1 Jahr*	31 557 600 Sekunden
10 Jahre	315 576 000 Sekunden
100 Jahre	3 155 760 000 Sekunden

* Rechne: 1 Jahr = 365 Tage und 6 Stunden.
(Schaltjahr!)

b) Mit Hilfe dieser Tabelle kannst du feststellen, ob die folgenden Aussagen richtig oder falsch sind.

Eine Unterrichtsstunde dauert weniger als 3 600 Sekunden. [✓]

Zehn Stunden haben genau 36 000 Sekunden. [✓]

Die Sommerferien dauerten mehr als 10 Millionen Sekunden. [f]

Ein Baby ist am ersten Geburtstag über 30 Millionen Sekunden alt. [✓]

Viele Grundschulkinder sind jünger als 300 Millionen Sekunden. [✓]

Noch nie wurde ein Mensch 3 Milliarden Sekunden alt. [f]

Vor ungefähr fünf bis sieben Millionen Jahren hatten Mensch und Schimpanse gemeinsame Vorfahren. Biologisch moderne Menschen gibt es seit etwa 160 000 Jahren.

2 Sind die vier Jahreszeiten jeweils gleich lang (kein Schaltjahr)? Berechne die Anzahl der Tage.

 Frühling: 21. März bis 20. Juni

11 + 30 + 31 + 20 = 92

A: Der Frühling dauert 92 Tage.

 Sommer: 21. Juni bis 22. September

10 + 31 + 31 + 22 = 94

A: Der Sommer dauert 94 Tage.

 Herbst: 23. September bis 20. Dezember

8 + 31 + 30 + 20 = 89

A: Der Herbst dauert 89 Tage.

 Winter: 21. Dezember bis 20. März

11 + 31 + 28 + 20 = 90

A: Der Winter dauert 90 Tage.

Sind die Tage jeweils gleich lang?

21. Juni (Sommerbeginn)
Sonnenaufgang: 5.18 Uhr, Sonnenuntergang: 21.31 Uhr, Tageslänge: 16 h 13 min

21. Dezember (Winterbeginn)
Sonnenaufgang: 8.15 Uhr, Sonnenuntergang: 16.27 Uhr, Tageslänge: 8 h 12 min

3 Nicht auf jedem Kalender ist der Faschingsdienstag eingetragen.

Du kannst jedoch das Datum berechnen: Das christliche Osterfest wird am 1. Sonntag nach dem ersten Frühlingsvollmond gefeiert. Von diesem Datum werden 40 Tage zurückgerechnet und dies ist dann der Aschermittwoch. Der Tag vor dem Aschermittwoch ist der Faschingsdienstag.

Wann ist Faschingsdienstag, wenn das christliche Osterfest auf den 5. April fällt und dieses Jahr kein Schaltjahr ist?

24. Februar

Von Carl Friedrich Gauß (1777–1855) ist uns eine Möglichkeit bekannt, mit der man ohne Kenntnis des Mondkalenders die Daten der Osterfeste für die Jahre 1700 bis 2199 bestimmen kann.